RÉUSSIR SA RETRAITE

Découvrir un sens nouveau à sa vie

Isabelle Delisle

MÉDIASPAUL

Médiaspaul est bénéficiaire des programmes d'aide à l'édition du Conseil des Arts du Canada et de la Société de développement des entreprises culturelles du Québec (SODEC).

Données de catalogage avant publication (Canada)

Delisle, Isabelle, 1931-

Réussir sa retraite: découvrir un sens nouveau à sa vie

(Collection Vivre plus; 10)
Comprend des réf. bibliogr.

ISBN 2-89420-154-0

1. Retraite — Planification. 2. Retraités — Attitudes. I. Titre. II. Collection.

HQ 1062.D44 1998 646.7'9 C97-941354-3

Composition et mise en page: *Médiaspaul*

Photo de la couverture et des pages intérieures: *Christine Jandet-Brunet*

Maquette de la couverture: *Summum*

ISBN 2-89420-154-0

Dépôt légal — 4e trimestre 1998
Bibliothèque nationale du Québec
Bibliothèque nationale du Canada

3965, boul. Henri-Bourassa Est
Montréal, QC, H1H 1L1 (Canada)

Médiaspaul
8, rue Madame
75006 Paris (France)

Je dédie cet ouvrage à tous les retraités du monde et à tous ceux qui le deviendront dans les années à venir.

C'est l'amour qui me rend audacieux
et résolu,
cet amour qui sait trouver le chemin
là où il n'y en a pas.
De tous les dieux le plus invincible!

Euripide

DU MÊME AUTEUR

J'ai le goût de vivre, Montréal, Éditions du Jour, 1973.

Vivre en amour, Montréal, Éditions du Jour, 1978. Réédition 1988, Éditions de Mortagne.

À l'écoute de sa vie (Concept Santé), Montréal, Éditions Guérin, 1979. Réédition 1986, Éditions de Mortagne.

Précis de nutrition, Montréal, Éditions Guérin, 1980.

Vivre son mourir: de la relation d'aide aux soins palliatifs, Boucherville, Éditions de Mortagne, 1982.

Les grands tournants de la vie: l'adaptation aux changements, Boucherville, Éditions de Mortagne, 1982.

Survivre au deuil, Montréal, Éditions Paulines, 1987.

Le soir de la vie (Défis de la retraite, brochure H), Ottawa, Novalis, 1988.

La visite et le soin des malades, Ottawa, Novalis, 1989.

S'accomplir, la vie: un chemin de croissance, Boucherville, Éditions de Mortagne, 1996.

Vivre sa solitude, Boucherville, Éditions de Mortagne, 1998.

REMERCIEMENTS

Nous tenons à remercier toutes les personnes qui ont collaboré à la réalisation de cet ouvrage par leur témoignage, la révision de textes ou l'aide dans la préparation du manuscrit:

Pauline Roy,
Brigitte Charneux,
Cécile Rochefort,
Mercedès Chartier Gauvin,
Brigitte Sovoral,
Jean-Guy Gaulin,
Monique Duval,
Marcel Dupont,
Judith Stryckman,
Léopold Desjardins,
Dorothée Delisle-Paré,
Irène Belleau,
Sœur Claudette, s.j.j.,
Alain Paré,
Réjeanne Thibault,
Suzanne Lavallée,
Thérèse Dion,
Christine Jandet-Brunet.

PRÉFACE

Faudra-t-il un jour envisager la retraite comme une profession ou un état de vie qui occupera le tiers de l'existence et auquel on se préparera avec tout le sérieux qu'on a mis à devenir plombier, informaticien, dentiste, avocat, banquier?

La retraite devient de plus en plus une réalité incontournable. Il sera bientôt impossible, sinon défendu, de mourir au travail. Ne voit-on pas en effet des gens arriver à la retraite dans la cinquantaine, dans la jeune cinquantaine même? Plusieurs commencent donc la tranche la plus longue de leur vie. Qu'en feront-ils?

D'entrée de jeu, certains pourraient être poussés à dédramatiser la question et, sans vouloir être injurieux ou sarcastiques, affirmer que la retraite a quelque chose de banal, de très commun même, qu'elle a été la condition normale de vie d'un nombre important de personnes: celles qui sont restées à la maison par choix, comme celles qui n'ont jamais trouvé de travail. Ces personnes doivent bien avoir quelques bonnes recettes à communiquer aux pauvres êtres qui débarquent, hagards, de la planète Travail. Jouons-leur un bon tour: ne leur demandons rien. Tant mieux pour nous d'ailleurs, car leurs réponses pourraient nous faire mal.

Adressons-nous plutôt aux nombreux organismes qui ont flairé la bonne affaire et qui veulent conquérir une clientèle qui se retire du champ de bataille avec les honneurs de la guerre. Depuis quelques décennies, les cours de préparation à la retraite et les livres sur le même sujet pullulent. J'y ai goûté (rien de péjoratif dans mon expression). J'ai laissé mon emploi en 1988, après avoir suivi les cours de préparation à la retraite de la Fonction publique fédérale et ceux de l'Académie de gérontologie de l'Outaouais à Hull. En ai-je vraiment bénéficié?

Dix ans donc après avoir pris ma retraite, j'avais besoin de me ressourcer, de faire le point. Où s'en allait ma retraite et où allais-je moi-même? Et voilà qu'Isabelle Delisle me demande de lire son manuscrit *Réussir sa retraite*. J'en sors. Ce fut l'équivalent d'une vraie «retraite» comme dans l'ancien temps, sans les prédicateurs qui font peur, heureusement. Dans ce livre, tout a été réuni pour un examen de conscience complet: le retraité face à lui-même, face à sa liberté, face aux autres (conjoint, famille) et face à la société. J'avoue avoir été obligé de m'arrêter souvent pour me poser la question: «*Et tu quoque, fili mi*? Qu'as-tu fait de ces heures merveilleuses auxquelles tu aspirais tant quand la monotonie de ta vie de fonctionnaire te donnait la nausée?» Oui, le livre d'Isabelle Delisle nous fait réfléchir, nous amène à rectifier le tir, nous fait quitter certaines impasses. Chaque futur retraité ou chaque retraité «en exercice», jeune ou vieux, y trouvera son compte. Je le relirai avec plaisir et même par devoir pour être sûr que ma retraite ne s'enlise pas et je le recommanderai à mes amis et à mes connaissances. Bravo Isabelle!

Léopold Desjardins

INTRODUCTION

Le concept de «retraite» s'est institutionnalisé il y a à peine cinquante ans. Nos grands-parents du début du siècle n'ont pas connu cette évolution sociale. Les raisons de prendre sa retraite varient beaucoup d'une personne à l'autre ainsi que l'âge de la prendre. Mais, quelles que soient nos motivations pour entrer dans cette étape de vie, nous avons un apprentissage à faire pour la réussir et mener nos nouveaux projets.

La décision de prendre sa retraite provoque de nombreux détachements. Petit à petit, il nous faut couper les amarres qui nous lient à notre vie professionnelle ou de travailleur autonome, ainsi qu'à un environnement qui était une source de valorisation tant par les contacts que nous avions avec les collègues de travail que par le travail lui-même, afin que nous en retirions une satisfaction.

Ceux qui ont l'occasion de préparer cet événement et qui peuvent mûrir leur décision se sentiront peut-être mieux disposés à cette éventualité. Ils ont le temps de planifier leur première année de retraite. Mais ceux qui ont à prendre cette décision rapidement et qui n'ont pas vu venir cette retraite anticipée, risquent de se sentir désorientés et même déprimés face à une nouvelle étape de vie qui leur incombe.

Plusieurs personnes vivent cette situation présentement et nous interpellent pour partager des réflexions qui nous nourriront mutuellement. Ayant pris ma retraite depuis deux ans déjà, j'ai été sensibilisée à cette transition et à l'effort d'adaptation qu'il faut déployer pour reprendre son souffle et continuer à avoir des projets et à se développer. Je me suis rendu compte que, pour m'épanouir dans cette étape de vie, il fallait me créer un nouveau mode d'existence et donner priorité aux valeurs de vie.

Réussir sa retraite, c'est être présent à tout ce que la vie nous offre de beau, de bon et de grand. C'est aussi accepter les peines comme les joies et avancer avec courage vers notre accomplissement.

Je formule le désir que la lecture de cet ouvrage soit un phare sur notre route et nous aide à intégrer cette étape si importante de notre vie.

Cet ouvrage s'adresse à tous les retraités de la planète quel que soit leur métier ou leur profession et quelles que soient les spécificités individuelles.

Notre intention n'est pas de théoriser sur la retraite — plusieurs ouvrages ont été écrits sur le sujet —, mais bien de laisser parler les témoins qui la vivent.

Après la lecture de cet ouvrage, vous aurez le loisir de répondre au questionnaire proposé qui vous permettra de vous situer face à votre propre réalité et de favoriser une intégration.

La nature nous révèle le sens profond des choses

CHAPITRE 1

UN TEMPS À SOI

Lorsque nous songions à la retraite, ne pensions-nous pas à tout le temps qui nous serait alloué pour réaliser nos projets? Un temps pour lire, écouter de la musique, visiter les parents et les amis. Un temps de liberté où nous pourrions décider par nous-mêmes ce que nous voulons faire pour occuper tout cet espace nouveau. La notion de temps, donc de durée, est particulièrement importante à l'heure de la retraite. Le temps ne s'écoule pas d'une manière uniforme; à tout âge de la vie, et spécialement après la cinquantaine, il se définit en regard de ce qui s'en vient et de ce qui est appréhendé.

En effet, le vécu de chacun est conditionné par un certain nombre de facteurs personnels: l'âge, la santé, l'activité ou la non-activité et l'intérêt plus ou moins marqué pour le passé, le présent et l'avenir. Ce sont souvent les réactions émotionnelles qui colorent les impressions face au temps.

L'écoulement du temps n'est-il pas caractérisé par des lignes de fracture: temps de l'enfance, temps des études, temps de la vie professionnelle ou temps de travail, temps de la retraite? N'y a-t-il pas souvent une coupure radicale entre le travail et le temps libre? L'idée qu'on se fait du «temps» évolue comme les années qui s'écoulent sans possibilité de retour en arrière. Ce concept renvoie également à une accumulation d'expériences. Le temps est indicateur de changements. Il implique, il questionne, il est celui qui rend tout possible, il devient la valeur des valeurs. Chez certaines personnes qui subissent leur retraite, le temps peut sembler lourd et destructeur, tandis que chez d'autres qui l'ont choisie, il peut être envisagé comme créateur et rempli de possibilités. Lorsque le temps est perçu comme une limite, il devient source d'angoisse.

Ne sommes-nous pas invités à réinventer le temps?

Le temps exerce une emprise profonde sur tous les aspects de la vie: aussitôt donné, aussitôt repris ou arraché. De nombreuses personnes ont attendu la retraite pour commencer à vivre et à entretenir des relations significatives: que de beaux projets elles avaient! Mais la maladie les a prises par surprise au tout début de leur retraite et elles ont dû «lâcher prise» et partir plus tôt qu'elles n'auraient voulu.

Le temps n'a pas la même valeur pour chaque personne. Pour la personne retraitée qui a des projets et qui s'intéresse à beaucoup de choses, le temps peut être considéré comme une valeur précieuse. Le temps est utilisé à bon escient et devient source d'épanouissement.

Ce temps qui nous est donné en quittant le monde du «faire» pour entrer dans celui de «l'être», n'est-il pas une occasion de prendre conscience de notre expérience intérieure et de l'approfondir de plus en plus?

Qu'est-ce qui donne vraiment un sens à l'existence?

C'est dans le service que nous goûtons cette joie profonde de donner et de recevoir. Cette réciprocité, nous l'expérimentons quand surviennent de grands désastres. La solidarité qui s'établit nous fait réaliser que nous sommes indispensables aux autres pour les soutenir et les aider à s'en sortir. Nous nous sentons utiles et ce sentiment nous rend heureux. Faire du bien nous valorise et nous apporte un regain d'énergie qui nous permet d'être à l'écoute de nos propres besoins et de ceux d'autrui.

Les expériences humaines les plus profondes, telles que la joie, la dépression et l'anxiété, affectent radicalement l'expérience du temps. Dans la joie, il semble qu'un moment peut durer des heures. Dans l'anxiété et la dépression, nous avons l'impression que le temps s'allonge. En effet, le temps s'éternise parce qu'il y a souffrance et lassitude. L'état d'esprit dans lequel nous abordons l'étape de la retraite résulte d'un ensemble de conditions d'éducation et d'expérience de vie. Si nous abordons ce temps avec regret ou défaitisme, convaincus que notre vie tire à sa fin parce que nous laissons le monde de la production, notre sentiment d'inutilité s'amplifie et notre état physique et psychique ne peut que se détériorer.

La personne qui espère de nouvelles relations, de nouveaux projets, et qui met tout en œuvre pour qu'ils se réalisent, est remplie d'énergie et remue ciel et terre pour concrétiser sa pensée. Le temps de la retraite nous invite à la nouveauté et à la disponibilité.

Dans l'étape précédant la retraite, nous étions très bien chronométrés. La retraite nous place donc face à une flexibilité qui contraste avec la rigidité du temps de travail. Il va falloir nous ouvrir à la nouveauté, prendre le temps de regarder la nature, être à l'écoute de ceux qui nous entourent et être prêts pour la découverte.

Être disponible, c'est être accueillant à ce qui arrive «ici et maintenant»; c'est rester en état de service. N'est-ce pas le secret d'une vie pleine? Nous pouvons faire des projets pour «demain», établir un emploi du temps, mais nous n'avons aucune certitude de ce que sera «demain» dans sa réalité. C'est pourquoi la retraite nous invite à vivre consciemment dans le présent et à tirer parti de chaque nouvel instant qui nous est donné.

Il nous est proposé un nouveau mode d'insertion sociale qui est différent de celui défini par le travail. Au début de la retraite, on peut avoir l'impression d'avoir trop de temps et ne pas savoir comment on pourrait l'utiliser. C'est un tour de force de se fixer un emploi du temps.

Nous avons vécu dans notre vie professionnelle des heures remplies qui nous laissaient peu de temps libre pour d'autres activités. Nous avons abordé la vie de travail dans la dimension de «production». Nous devons envisager la retraite avec la dimension «réalisation de soi». Ce n'est plus la «performance» qui est au haut de la pyramide, mais bien «l'intégration». Il nous incombe de «faire nôtres» toutes les expériences que nous avons vécues et surtout celles que nous n'avons pu vraiment intégrer, faute de temps.

La réduction du temps de travail dans un cadre professionnel ou autre nous renvoie au temps individuel qui doit être planifié si nous voulons trouver un sens à ce temps qui nous est donné. Nous avons à le structurer et à le remplir de façon à y trouver une signification. Nous aurons sûrement à nous poser la question suivante.

Qu'est-ce que le temps signifie pour moi?

Le temps est notre univers culturel. Il fait partie de notre réalité et du cadre de nos perceptions. Il est peut-être plus utile de nous interroger sur la manière dont le temps intervient dans la constitution de notre réalité que sur ce qu'il représente en fait.

Le temps semble nous obséder. Nous regardons constamment l'heure, par peur de dépasser le temps ou de nous trouver en retard. Notre quotidien est plein de ces gestes répétitifs et nous avons à nous contraindre constamment pour respecter les normes imposées par notre vie sociale. Nous nous réjouissons de notre ponctualité et nous regrettons d'avoir à attendre lorsqu'un collègue ou un partenaire ne respecte pas l'heure convenue.

N'avons-nous pas quelques difficultés avec la «non-fiabilité des horaires»? J'ai expérimenté souvent ces retards lors de mon séjour de neuf ans en Amérique latine. Une réunion, qui était prévue pour 19 heures, ne commençait qu'à 21 heures et pouvait même être remise au lendemain. Le premier mot de mon vocabulaire espagnol a été «*mañana*» (demain).

J'avoue que cette situation m'a beaucoup aidée à vivre dans le présent et à m'ouvrir à la spontanéité de la vie sans stress. Je me suis aperçue que plus je voulais dominer le temps, plus il me dominait et cette obsession de l'heure ne contribuait pas à ma sérénité.

Notre incapacité à vivre «l'ici et le maintenant» se traduit par une tension et de nombreux gestes obsessionnels. Par exemple, retourner souvent sur ses pas pour vérifier les oublis que nous aurions pu commettre; avoir continuellement dans la pensée l'inquiétude de ne pouvoir accomplir tout ce que l'on voudrait. Dans notre course effrénée, nous vivons tendus et le temps s'enfuit sans que nous ayons pu le savourer.

En voulant gagner du temps, nous le perdons. Nous nous étions pourtant bien proposé, à l'occasion de la retraite, de prendre du temps pour réaliser nos rêves. Nous sommes toujours ramenés «au présent» quoi que nous fassions. Il se peut que nous ayons le désir d'arrêter le temps parce que nous nous sentons débordés. Nous avons dépassé notre capacité de le remplir, mais nous avons vite pris conscience que nous ne sommes pas «maîtres du temps», même si nous avons voulu nous l'approprier.

Pouvons-nous suspendre le temps?

Toute personne peut faire l'expérience de «l'extase». «Ex-stase» veut dire «se situer en dehors de soi», «en dehors du temps». Ce sentiment de bonheur profond se rencontre dans l'expérience mystique et il peut se vivre aussi dans «l'orgasme». Ne disons-nous pas, en riant, de quelqu'un qui vient de décrocher de la réalité et qui semble perdu dans une contemplation quelconque: «Tiens, il vient d'avoir un orgasme!»?

L'expérience temporelle extatique signifie que le Moi et le Soi s'unissent dans une durée illimitée. Sainte Thérèse d'Avila, saint Jean de la Croix et bien d'autres mystiques ont vécu ces expériences transcendantes. Les mots sont bien pauvres pour essayer de les traduire.

La mesure du temps

Nous sommes amenés à mesurer le temps à cause de la nécessité d'organiser la vie sociale et par la préoccupation d'être attentifs aux années qui s'envolent comme les feuilles d'automne. Nous avons vite pris conscience de la fragilité de l'existence. L'expression «La vie ne tient qu'à un fil» confirme bien cette réalité d'une existence limitée.

Des trois dimensions: espace, temps et mouvement, le temps semble celle qui se plie le moins au contrôle humain. Il s'écoule de façon inexorable. Son cours ne peut être ni retardé, ni accéléré, ni renversé. Il s'étend de la naissance à la mort. Le temps dans notre vie quotidienne est souvent identifié à la distance. On dira, par exemple: «C'est à cinq minutes du métro.»

En basant nos expériences sur une horloge ou un calendrier, nous accordons au temps une réalité objective. Plusieurs physiciens, dont Einstein, admettent que le temps est le plus insaisissable et le plus trompeur des principes et que notre tentative de le diviser est purement subjective. Le temps et la conscience semblent étroitement associés. Ce sont les réactions émotionnelles qui colorent nos impressions face au temps. Une journée ensoleillée nous dynamise, un temps gris nous déprime.

Le sens du temps

Notre sens du temps ne peut permettre une estimation juste de la durée. Une heure sera longue, une autre courte. Par exemple, si nous attendons un être cher, le temps d'attente nous semble long et le temps du séjour de cette personne aimée nous paraît très court en sa compagnie. Le temps réel est considéré comme une portion de l'axe du temps contenant passé, présent et avenir.

La vie est un mouvement dynamique entre ce qui a été, ce qui est et ce qui est en train de devenir.

Le temps a quelque chose de sacré. Il renvoie au monde de l'Absolu. Il est à la fois une quantité et une qualité; l'élément qui rend tout possible. Il peut se traduire par destruction de soi ou par création et re-création permanente.

N'est-ce pas cette re-création (et aussi ré-création) qui nous est proposée en ce temps de retraite?

Le temps est un contenant qui n'existe que par son contenu. Il est une réalité objective et quantifiable; mais nous qui passons, nous sommes une réalité subjective.

Le temps est difficile à définir. Même saint Augustin, au Ve siècle, s'est interrogé sur cette possibilité de définir le temps. Peu à peu, les philosophes et les physiciens vont apprendre à apprivoiser le paradoxe du temps.

Pour Einstein, le temps change en fonction du mouvement. C'est un paramètre pour expliquer le comportement de la matière. Au XVIIe siècle, Newton interprète le temps comme une échelle qu'il faut utiliser pour mesurer la durée de toutes choses.

Dans la Grèce antique, 2 000 ans environ avant Newton, Aristote considérait le temps comme une mesure du mouvement. Il expliquait qu'un corps est en mouvement parce qu'il reçoit son mouvement d'un autre corps. Il n'y a donc pas de commencement au mouvement, ce qui implique une extension infinie du temps vers le passé et vers l'avenir.

Le philosophe et théologien Maïmonide, au Moyen Âge, définissait le temps comme une manifestation de la matière. Lorsqu'il n'y a pas de matière, il n'y a pas lieu de parler de temps. D'après la Bible, quand la nature fut créée, le temps fut créé. Aujourd'hui, on parle du «big bang», moment où la matière première de l'univers subissait une gigantesque explosion et commençait son expansion.

Toutes les conceptions du temps ont un point commun: le temps est considéré comme une chose en soi, même s'il est la mesure d'un certain aspect physique de la matière.

Sur le plan sociologique, l'individu aura un rapport différent au temps selon son statut social, son avancée en âge. Il interprétera différemment les événements et il devra tenir compte de la marche du temps pour identifier des objectifs à atteindre. Il sera confronté au temps d'une manière différente selon que l'étape qu'il traverse comporte des changements. Si nous nous référons à la retraite, nous sommes très conscients que notre référence au temps est bien différente de celle de nos premières années de travail.

Les rapports au temps et à la durée évoluent aux différents âges de la vie. Nous avons tendance, dans notre société moderne, à classifier le temps selon les catégories de l'activité humaine et sociale: le temps des études, le temps du travail, le temps consacré à la famille, le temps des loisirs, le temps libre, le temps de la retraite et le temps de la méditation.

Quelles sont nos conceptions dominantes face au temps?

Nous concevons le temps dans sa dimension de valeur, d'utilité, particulièrement sur le plan économique. Nous sommes toujours à la recherche d'un équilibre entre le temps consacré au travail et les autres temps de la vie, même à la retraite. Quelquefois, nous constatons que nous avons accepté trop d'engagements et qu'il nous faut réévaluer nos objectifs de départ. L'important, ne serait-ce pas d'accepter les engagements proposés en fonction des valeurs qui nous animent?

La chanson *Je n'aurai pas le temps* est remplie de signification.

> Je n'aurai pas le temps,
> pas le temps.
> Même en courant
> plus vite que le vent,
> plus vite que le temps.
> Même en volant,
> je n'aurai pas le temps,
> pas le temps
> de visiter
> toute l'immensité
> d'un si grand univers.
> Même en cent ans,
> je n'aurai pas le temps
> de tout faire.
> J'ouvre tout grand mon cœur,
> j'aime de tous mes yeux,
> c'est trop peu
> pour tant de cœurs
> et tant de fleurs.
> Des milliers de jours,
> c'est bien trop court,
> c'est bien trop court.
> Et pour aimer
> comme l'on doit aimer,
> quand on aime vraiment.
> Même en cent ans,
> je n'aurai pas le temps,
> pas le temps[1].

Le temps de la retraite est propice pour se remettre à l'écoute de soi et de son expérience. Voici le témoignage d'une enseignante à la retraite depuis quelques années: «Je suis entrée dans le vaste club des retraités. Il m'a fallu plusieurs mois pour me ressaisir et me confronter à une nouvelle réalité. J'ai vécu le choc de découvrir que je n'avais vraiment jamais géré ma propre vie. Et semaine après semaine, fidèlement chaque samedi, c'était la révision de la liste de tout ce que je voulais faire maintenant de ma propre volonté. J'ai découvert petit à petit que la vie était toujours belle, que j'avais encore l'étoffe du courage indispensable pour reprendre en main ma destinée. Je me suis mise à la tâche avec beaucoup de diligence. Je décidai que deux attitudes désormais imprégneraient le reste de mes jours: prendre le temps de vivre et d'être à l'écoute. Aujourd'hui, après dix ans de retraite, une grande et profonde satisfaction m'envahit. J'ai renoué avec toute ma vie. Il n'y a pas de zone regrettable ou de moindre valeur. Il n'y a que la Vie de chaque instant. Je redécouvre le plaisir des petites choses quotidiennes, les merveilles de la nature — même le verglas — les imprévus et les "attendus", les désirs et les frustrations, les apprentissages de l'avancée en âge, la beauté et la force de la jeunesse, tout comme ses difficultés de vivre et de s'insérer dans tel contexte social, les limites de l'être humain, le Temps qui n'arrange pas toujours les choses, la pensée d'une autre vie sans savoir vraiment ce qu'elle sera. C'est cette liberté de pensée, de mouvement, d'action et de réflexion qui m'habite maintenant.»

Ce témoignage vient nous confirmer qu'avoir un temps à soi est un cadeau qui n'est pas donné à tout le monde. Plusieurs personnes mourront prématurément et ne connaîtront jamais le temps de la retraite.

Ce temps nous est donné gratuitement pour que nous en profitions au maximum dans tous les aspects de notre vie. Un temps pour aimer et pour servir. C'est aussi un temps qui nous permet de découvrir qui nous sommes. C'est un rendez-vous avec notre vraie personnalité.

~ **Références** ~

[1] *Je n'aurai pas le temps*, paroles de Pierre Delanoe, musique de Michel Fugain.

La source jaillit à travers
les embûches du chemin

Chapitre 2

UN RENDEZ-VOUS AVEC SA VRAIE PERSONNALITÉ

La retraite ne nous oblige-t-elle pas à nous redéfinir?

Nous avons acquis, par la vie professionnelle ou le travail, une identité spécifique. Il nous faut maintenant acquérir de nous-mêmes une représentation qui corresponde à la réalité d'aujourd'hui. Plus cette représentation est intégrée, plus nous sommes en mesure de préciser nos objectifs, d'acquérir un nouveau dynamisme face à l'avenir et de réaliser notre potentiel. Nous avons besoin de savoir qui nous sommes.

Le «concept de soi» a fait l'objet de nombreuses études à travers le monde. Il est habituellement considéré comme la perception que la personne a d'elle-même, de ses attitudes et de ses sentiments. Cette perception influe sur le comportement et l'attitude que les autres ont face à nous-mêmes. L'autorenforcement semble jouer un rôle important dans le «concept de soi». Une personne, par exemple, qui subit sa retraite et regrette sa vie de travail, peut, avec un certain recul, percevoir tous les avantages qu'elle retire de sa liberté et de son temps libre, se considérer comme chanceuse et regarder l'avenir avec un œil positif.

Les stimulus qui font partie de notre réalité quotidienne sont un aspect important du «concept de soi». Si ces stimulus sont négatifs, ils déclenchent des attitudes et des comportements négatifs; si, au contraire, ils sont positifs, les effets sont correspondants.

Quand nous avons une perception négative de nous-mêmes, que nous manquons de confiance en nous, nous nous privons de riches expériences qui pourraient contribuer à notre épanouissement. Le «concept de soi» doit être en concordance avec notre réalité. Rien n'est jamais tout noir ou tout blanc.

Dans son ouvrage *Adolescence et crise: la quête de l'identité* (1972), Erikson définit le «concept d'identité» comme l'intégration des «images de soi» et des «rôles» chez la personne qui, répondant aux sollicitations de la part de son milieu, assume des activités précises, lesquelles contribuent à édifier une représentation de soi. Cette identité, selon l'auteur, doit s'intégrer dans un ensemble de rôles qui garantissent une reconnaissance sociale.

Lorsque nous perdons certains rôles à l'occasion de la retraite et que nous n'avons plus la valorisation inhérente à l'accomplissement des tâches liées à ces rôles, nous pouvons avoir l'impression de perdre notre identité. Voici le témoignage d'une travailleuse sociale à la retraite: «Je viens de prendre ma retraite. Ce que j'éprouve maintenant, c'est le deuil, la perte de mon identité professionnelle et sociale. Souvent, on me demande: "Qu'est-ce que tu fais?" Je réponds: "Je suis à la retraite" ou je ne sais trop quoi répondre. J'ai laissé une profession et un milieu de travail que j'aimais. J'ai toujours eu du plaisir à travailler comme intervenante sociale. Comme on dit, j'avais une "vraie belle job". J'aurais aimé continuer jusqu'à soixante-cinq ans, mais les offres de départ étaient si avantageuses que j'ai pris la vague du virage ambulatoire. Je sais que je dois me brancher, mais pour le moment, je réfléchis, j'explore et je dépanne de gauche à droite.»

Cette intervenante sociale est confrontée à sa nouvelle identité, à ses valeurs et à son nouveau rôle dans la société. Elle affirme: «Je me déprogramme pour me reprogrammer.»

Combien de temps y mettra-t-elle?

Elle aura à se réinvestir dans de nouveaux projets qui lui apporteront autant de plaisir qu'elle en avait dans son travail, afin de retrouver ce désir de vivre et de s'épanouir. Mais un piège nous guette en tant que retraité: c'est celui de nous lancer dans un activisme effréné qui peut nous donner l'illusion d'être utiles, mais qui peut nous empêcher de nous intérioriser.

Au début de la retraite, nous passons par une période d'évaluation: évaluation de nos expériences passées qui ont fait de nous ce que nous sommes aujourd'hui et qui nous amènent à nous poser la question de notre devenir. Cette remise en question est primordiale pour corriger ce qui doit être intégré.

Nous fonctionnons dans différentes dimensions de notre être. Nous sommes constitués du «Je», du «Soi» et du «Moi». Le Je est l'assurance que j'existe et il m'indique que je suis le centre de la «conscience de soi»; il rend possible l'analyse du Soi. Il permet, par exemple, à l'occasion du grand tournant dans notre vie qu'est la retraite, de comprendre que tous nos réajustements peuvent influencer les événements à venir.

Le Soi, pour sa part, est utilisé dans le sens de la représentation de soi. C'est un Soi changeant selon l'intégration progressive des diverses expériences vécues de façon significative aux différents stades de développement de notre existence. Nous nous projetons facilement vers ce qui est à venir en oubliant quelquefois d'intégrer nos expériences passées pour mieux vivre le présent.

Le Moi s'actualise à partir des expériences que nous sommes appelés à vivre de façon réellement significative. Cette activité du Moi se déploie en accord avec des facteurs intrinsèques de maturation et en interaction continue avec l'expérience vécue dans le milieu. Le développement du Moi va en grandissant et passe d'un équilibre à l'autre jusqu'au plein fonctionnement.

Lors de sa prise de retraite, une personne affirmait: «Quand on a passé sa vie à la donner et qu'on se retrouve sans personne avec qui échanger, partager, la solitude prend toute sa place et automatiquement le retour sur le passé surgit.»

Le Moi peut se sentir déprimé, abattu, sans boussole temporairement, pour enfin reprendre son souffle et fonctionner pleinement.

Dans son ouvrage *Le développement de la personne* (1966), Carl Rogers apporte cette notion de personnalité fonctionnant pleinement quand il affirme qu'après une expérience significative où elle a atteint son but, la personne est plus apte à vivre pleinement chacun de ses sentiments et chacune de ses réactions. Elle utilise tout son équipement organique pour sentir aussi précisément que possible la situation existentielle de l'intérieur et de l'extérieur. Elle utilise toute l'information que peut lui procurer son système nerveux, en pleine conscience, mais en reconnaissant que son organisme peut être et est souvent plus avisé que sa conscience. Elle est plus apte à permettre à son organisme total de fonctionner dans toute sa complexité en choisissant, parmi la multitude des possibilités, le comportement qui, à ce moment donné, sera plus authentiquement et plus généralement satisfaisant.

C'est bien ce que nous confirme Jean-Paul qui a pris sa retraite il y a trois ans:

> Ce que je réalise, c'est que la retraite se prépare pendant toute notre carrière en quelque sorte. Les activités qu'on a exercées lors de cette période nous donnent autant de chances d'avoir une retraite occupée et enrichissante. Quand on aborde cette période avec un esprit d'accueil, on découvre des possibilités auxquelles on n'avait jamais pensé auparavant.

Cette démarche demande une grande ouverture à la réalité de son vécu.

L'imagination créatrice ne nous fait pas défaut et la recherche du plaisir dans ce que nous faisons aide grandement à notre équilibre biologique. Nous sommes toujours en devenir et la vie est un projet d'accomplissement qui n'est jamais terminé. Nous devons investir nos énergies dans des domaines qui nous apportent une source de valorisation et qui nous permettent de nous renouveler continuellement. Nous pouvons alors tirer profit de notre passé pour vivre intensément notre présent et nous préparer à ce qui viendra. Une question doit être posée à ce sujet.

Sommes-nous satisfaits de notre vie présentement?

La satisfaction face à notre vie n'est pas sans influence sur notre comportement. Il nous est impossible de faire des projets agréables et innovateurs si nous vivons dans une insatisfaction constante. Notre univers est alors fermé. Nous avons besoin pour vivre et survivre dans cette étape précise de notre vie d'entretenir des relations significatives à tous les niveaux de notre être physique, psychologique, spirituel et social. Se tenir en santé. Faire de l'exercice. Bien se nourrir. Se ressourcer par des lectures nourrissantes, des conférences, des cours. Méditer. Prier. Les occasions d'accomplir toutes ces activités foisonnent, mais ce sont parfois les motivations qui ne sont pas au rendez-vous.

N'attendons-nous pas trop des autres et de la vie?

Toute l'énergie qui a été déployée dans notre vie de travail peut maintenant être mise à contribution dans cette nouvelle vie de retraite. Une personne retraitée affirme ceci: «Je crois aujourd'hui que c'est la Vie intérieure qui est la valeur fondamentale. Le changement n'a de raison d'être que s'il apporte une meilleure qualité de vie et d'émotions. On l'oublie souvent. Le siècle à venir ne sera probant que s'il est marqué à ce sceau. J'y travaille à ma mesure.»

Nous avons, à chaque instant, à nous resituer et à prendre conscience de la relativité des choses et des événements. Cette intériorisation nous permet de trouver des appuis en nous-mêmes et d'acquérir la sérénité. La tristesse d'avoir eu à quitter un travail que nous aimions peut faire place à la joie d'être encore bien vivants. Combien de personnes retraitées m'ont avoué vivre un moment privilégié d'approfondissement de leur vie. Elles ont appris à faire face à une nouvelle identité, à tourner la page et à être ouvertes à ce qui vient.

Nous sommes entrés dans cette étape où le développement personnel est primordial. Nous avons laissé le modèle de vie professionnelle pour un nouveau modèle de réappropriation de soi et de notre vraie identité. Si la vie de travail n'a pas toujours répondu à nos attentes, nous avons maintenant l'occasion de nous investir dans des projets qui nous motiveront pour créer et servir. C'est dans le service que nous goûtons vraiment la joie de vivre et que nous pouvons découvrir notre propre identité.

N'avons-nous pas besoin de changements et quelquefois de bouleversements pour mieux nous définir?

Le fait d'accepter notre propre vérité nous permet d'être plus objectifs face aux réalités de la vie, nous donne une certaine souplesse et nous prémunit contre le besoin de nous protéger par des positions rigides. Nous pouvons alors prendre des décisions avec une bonne économie d'action. La plus grande récompense que nous pouvons obtenir en tentant de nous retrouver est de tomber d'accord avec nous-mêmes sur le plan moral, indépendamment des valeurs et des jugements d'autrui.

Devons-nous changer de trajectoire? La chance nous est donnée de créer notre propre vision de ce qui nous concerne et aussi du monde dans lequel nous vivons. Si ce changement provoque une «crise» (nous parlons souvent de «la crise de la retraite»), cette crise existentielle profonde nous permet de faire face aux années qui viennent en acceptant l'âge mûr et ses nombreux inconvénients.

Une retraitée se confie: «Je regardais ma vie comme un échec. Je n'avais pas su garder la flamme allumée. J'allais à bride abattue, sans phare, sans paramètre et sans balise. Et la dépression entra chez moi avec son cortège de regrets. Il m'a fallu plusieurs mois pour me ressaisir. C'était l'éclatement.»

Pour la personne qui a été prise par le travail sans jamais pouvoir se confronter à elle-même et qui est passée de l'identité de l'enfant à celle de l'adolescent, de l'adulte, de l'époux ou de l'épouse, la transition de la vie de travail à celle de la retraite déclenchera peut-être une crise. Ce sera un choc de constater que l'image qu'elle s'était faite d'elle-même ne correspond pas à ce qu'elle est vraiment. Il lui faudra peut-être alors accepter de s'enfoncer dans son tunnel pour l'explorer sans échappatoire, sinon les questions refoulées resurgiront avec plus de force, plus tard.

Nous avons besoin de nous retrouver nous-mêmes, de comprendre ce que nous vivons et de nous impliquer dans tous les aspects de notre vie en laissant émerger les réactions qui bouillonnent au fond de notre être. Un retraité nous livre ceci:

> Quand j'ai pris ma retraite, j'étais prêt. Je le croyais. On n'est jamais totalement prêt. Mais quand la décision est bien mûrie, on n'a pas à le regretter. Je ne m'attendais pas à une grosse réaction, mais elle est venue même si j'ai été très occupé dès le début. Les enfants étaient encore à la maison et mon épouse continuait à travailler. Je me retrouvais seul toute la journée. Chacun partait, soit pour son travail, soit pour l'école. J'ai éprouvé une sorte de vide, une sensation d'inutilité, une impression de me trouver en dehors du circuit. Même si je m'occupais de l'entretien de la maison, de la préparation du repas du soir, de l'épicerie, du quotidien dans la maison. J'avais déjà quelques occupations avec des associations, mais cela ne suffisait pas.

Nous constatons par ce témoignage que même si nous avons eu une certaine préparation à la retraite et que nous avons décidé librement de la prendre, nous avons de gros efforts à faire pour bâtir de nouveaux projets et trouver une nouvelle valorisation.

> Dans ces situations, affirme ce même retraité, il faut chercher sans se tourmenter. Le hasard travaille parfois mieux tout seul. Tous les contacts qu'on a eus durant notre carrière sont des semences qui produisent leurs fruits à la retraite. On ne sait jamais quand un ancien collègue à qui on a rendu service ou avec qui on s'entendait bien va nous relancer et nous offrir une occupation quelconque. Il arrive aussi qu'une association dont on a fait partie nous ait donné l'occasion de rencontrer des gens qui se souviennent. C'est ce qui m'est arrivé. J'ai été invité par un ancien collègue à faire du secrétariat dans une coopérative funéraire. Ce fut une bonne expérience.

Nous avons tous un potentiel de créativité et nous pouvons l'exprimer dans différents domaines. Il s'agit d'en prendre conscience. La route est très longue si nous avons pris notre retraite dans la cinquantaine. Cette étape de vie deviendra ce que nous ferons d'elle. Les difficultés ressemblent aux vagues de la mer; elles ne doivent pas être considérées comme des problèmes, mais comme des occasions de dépassement. Si nous nous laissons submerger par les événements, nous connaîtrons des crises consécutives et nous ne pourrons tirer parti de l'échec ni reconnaître nos erreurs.

Nous devons nous ouvrir au risque si nous voulons mettre à profit notre potentiel. C'est bien ce que nous livre cette infirmière qui a pris sa retraite à cinquante-quatre ans:

Ayant en tête un vague projet d'entreprise privée, ayant fait et refait des calculs, consulté conjoint, amis, experts, passé quelques nuits blanches et des heures, voire des semaines de réflexion, je décidai de prendre ma retraite après trente années de carrière. Désormais, je ne ferais plus partie de cette masse grouillante d'énergie et de créativité.

En raison d'une trop grande compétition, mon projet d'entreprise privée avorta. Le cours de haute couture auquel j'avais rêvé quand je travaillais, dans une école de métier, m'avait été déconseillé par le comité de sélection. Quand je faisais des demandes pour me trouver du travail comme revenu d'appoint, les jeunes s'imposaient et je ne pouvais pas les blâmer. C'est pour leur laisser la place que les mesures volontaires avaient été offertes (pour cela et pour éponger le déficit). Quelle lourde responsabilité! Je devais alors faire le deuil d'une vie de production avec rémunération. C'en était fini des projets emballants à implanter en équipe, des clins d'œil complices entre collègues, des 5 à 7 juste pour déconner, après une exténuante mais satisfaisante quinzaine de travail, afin de célébrer le chèque de paye bien mérité. Maintenant, je prendrais seule les initiatives, j'élaborerais seule les programmes et les objectifs. Je ne participerais plus aux discussions pour faire consensus. Les décisions m'appartiendraient. Il n'y aurait plus de pause syndicale enjouée et passionnée pendant laquelle on faisait la critique des journaux, on trouvait les solutions aux problèmes des gouvernements, on dénouait l'intrigue d'*Omertà*, on sauvait le monde ensemble. Maintenant, je prendrais seule mon café. Entrer dans la société du loisir avec un budget restreint devenait ma seule réalité à accepter, à organiser. C'était l'heure de l'inévitable rencontre avec moi-même, sans artifice et sans distraction. Si du moins j'avais quelques talents cachés qui ne demandaient qu'à éclore, tels que la musique, la couture, la danse, le jardinage, la peinture, l'artisanat! J'avais beau faire le tour de mon jardin, je sentais un grand vide:

j'excellais dans la relation à l'autre, mais c'était mon métier et, de métier, il n'y en avait plus. *Découvrir de nouvelles passions à mon âge, était-ce possible?*

Beaucoup de confusion m'envahissait. Il y a des jours où j'avais l'impression de faire du sur-place, de tourner en rond, de perdre carrément mon temps. Je prenais un avant-midi pour lire le journal, un après-midi pour faire mon budget. Et, quand arrivait 17 heures, on aurait dit que la journée avait passé plus vite encore que quand je travaillais et, pourtant, je n'avais pas fait grand-chose, pas grand-chose d'utile en tous les cas. Était-ce cela la société de loisirs? Le désir de donner un sens à une nouvelle réalité m'amena à m'inscrire à des cours de Bible. J'avais abandonné la pratique religieuse à vingt ans. J'avais mis en doute les préceptes et croyances de la religion de mon enfance. Peut-être n'avais-je pas tout compris, avais-je interprété naïvement? J'ai vécu un accueil inconditionnel, maternant, chaleureux, compréhensif des «petites religieuses» qui suivaient le cours avec moi et de celles qui donnaient l'enseignement. C'étaient des après-midi magiques, des instants de grâce, un baume à ma retraite. J'aurais pu donner un sens chrétien à ce que je vivais, mais le doute est resté fort, pratiquement intact, malgré mon très grand désir de croire. Par contre, cette démarche m'a amenée à me rapprocher de l'Église et même à participer aux célébrations malgré le doute. J'espérais qu'un jour la foi me prendrait par surprise. En attendant, l'esprit d'ouverture de l'assemblée chrétienne me faisait sentir moins seule. Ce n'était pas le café que je partageais, mais la communion dans un silence tout aussi nourrissant que les échanges avec mes anciens collègues de travail. Petit à petit, je reprenais de l'autonomie. J'avais l'impression d'être devenue une femme dépendante. L'opinion de mon conjoint prenait soudainement une importance démesurée. J'aurais voulu qu'il ait envie de sortir avec moi le soir après sa journée de travail. J'avais oublié que, quand je travaillais, j'avais juste le goût d'arriver à la maison et d'y rester. Je ne pouvais pas croire que je devenais une femme au foyer, moi qui n'avais pas été capable d'envisager cette carrière à vingt ans. Puis, je me suis mise à découvrir de grands avantages à la retraite. J'appréciais de plus en plus ma très grande disponibilité à ce qui se présentait. Je m'engageais dans la campagne électorale de ma municipalité. Je vivais l'expérience de porter réconfort aux intervenants de la Montérégie. Je m'impliquais bénévolement dans l'implantation d'un groupe d'analyse transactionnelle. Parfois même, je réussissais à rentabiliser mon magasinage. Ma plus grande victoire à cet égard a été de me procurer des bottillons à 20 $. Cette journée-là, j'étais très heureuse d'être à la retraite. Élaborer les menus, faire le marché, concocter les agapes du samedi soir devenait une création ludique; développer, cultiver, consolider un nouveau réseau social, une tâche primaire essentielle à mon bien-être de retraitée. Quand j'avais encore des moments de désorganisation, je me prenais en douceur en me disant: Pas de précipitation, prends le temps... il est correct de prendre et de perdre du temps quand on décide de s'offrir une retraite joyeuse. Tantôt, il y aurait le golf au printemps, les fleurs à l'été, les randonnées pédestres et le bénévolat à l'automne. Et puis, je rêve d'un café philosophique pour retraités et des voyages plein ma vieillesse! Bientôt il me manquera du temps, et dire que je n'aurai plus jamais de vacances.

Ce témoignage ne reflète-t-il pas ce que plusieurs retraités vivent?

La confiance en soi est la force la plus précieuse que nous avons pour faire face à notre vraie personnalité. L'instinct du bon moment nous oriente dans ce que nous avons à faire et nous aide à trouver notre voie. Il nous incombe de bien connaître nos besoins. Dans l'arsenal de nos pensées, nous forgeons les armes avec lesquelles nous nous détruisons nous-mêmes et nous façonnons aussi les outils avec lesquels nous bâtissons des maisons de force, de paix et de joie. Mais la tentation du refus est toujours présente. «Chaque fois que tu penses que tu n'y arriveras pas, de nulle part surgira une petite lueur. Cette petite lumière renouvellera tes forces et te donnera l'énergie nécessaire pour franchir un pas de plus[1].»

Le sentiment de «maîtrise intérieure» est étroitement lié à l'acceptation du risque et nous prépare à vivre les changements majeurs de notre existence.

~ **Références** ~

[1] Elisabeth Kübler-Ross, *Mémoires de vie, mémoires d'éternité*, Éditions J.-C. Lattès, 1998, p. 106.

Les portes de l'écluse s'ouvrent
et se ferment sur le temps de la vie

CHAPITRE 3

UNE TRANSITION QUI AMÈNE DES CHANGEMENTS MAJEURS DANS L'EXISTENCE

A) LE CHANGEMENT

Le passage de la vie professionnelle à la vie de retraité peut paraître séduisant et nous faire vivre de l'euphorie si nous l'attendions et le désirions depuis longtemps. Nous ne vivrions pas la même expérience si nous avions été mis à la retraite d'office.

> Quand le gouvernement m'offrit des conditions de départ volontaire irrécusables, j'étais en arrêt de travail depuis quelque temps. Cet arrêt volontaire était une bénédiction, croyais-je: j'apprenais qu'il y avait autre chose à faire dans la vie que de travailler. J'appréciais chaque moment de ce congé forcé, retirée dans la chaleur douillette de mon chez-moi. Je ne faisais pas la différence entre un congé de maladie et une retraite définitive. Plus tard, je compris l'ampleur de cette différence.

Le changement que cette nouvelle retraitée nous décrit lui apporte une perception nouvelle, une prise de conscience et une certaine insécurité. Renoncer à l'identité protectrice que nous procure un travail professionnel bien encadré est un plongeon dans le vide.

Mais peut-on refuser d'avancer?

Reculer serait se condamner au malaise et à la stagnation. Prendre le risque de s'en aller à la retraite, c'est accepter d'entreprendre une nouvelle étape de son développement. Notre vie ne se termine pas là. L'avenir s'ouvre devant nous et nous pousse à aller de l'avant. Il est certain que l'attachement au passé et l'abandon de certains rôles professionnels et sociaux créent un impact qui peut être difficile à accepter. Il nous faudra une grande capacité d'adaptation pour faire les changements exigés. Il existe une différence entre transition et changement.

La transition est un processus de réorientation psychologique. Exemple: je dois maintenant planifier ma vie en fonction de la retraite que je viens de prendre.

Le changement est situationnel. Exemple: je quitte mon milieu de travail et je change d'emploi. Le changement est immédiat et il se fait spontanément, tandis que la transition s'effectue vraiment quand nous avons accepté de tourner la page pour faire face à ce qui vient.

Nous avons à vivre plusieurs étapes dans la transition. Un auteur américain, William Bridge, parle d'une zone neutre qui s'apparente au désert. C'est une période et un état d'être où il nous faut laisser aller les comportements antérieurs et les attitudes que nous avions adoptées dans notre vie professionnelle. C'est un passage qui nous amène à mourir à une situation de vie pour revivre à une autre. C'est une étape qui demande une grande capacité de détachement. Plusieurs en meurent tandis que d'autres la vivent avec succès. La personne aura besoin d'une nouvelle énergie et de nouveaux objectifs pour s'en sortir positivement. Les organismes insistent beaucoup aujourd'hui sur l'expression «gérer le changement».

Comment peut-on gérer le changement?

Le tableau de Gisèle Dubé[1] illustre bien ce que nous vivons dans tout grand changement. Il peut très bien s'appliquer à la retraite (voir tableau p. 40).

Avant la retraite, nous essayons de donner un sens à notre travail et d'être cohérents dans ce que nous faisons. Nous avons des valeurs, des relations avec les collègues et les amis. Nous sommes bien encadrés et nous fonctionnons normalement. Nous vivons dans l'harmonie dans la mesure où nous aimons notre travail et avons le sentiment de nous réaliser.

Pendant la transition travail-retraite, nous vivons certaines perturbations. Nous nous cherchons. Nous avons perdu toutes nos références, nous sommes seuls face à nous-mêmes. Un déséquilibre survient et il peut aller du sentiment d'inutilité au sentiment d'impuissance. Parfois ce mal-être nous conduit au découragement, mais ce n'est que passager. Nous avons l'impression de nous écrouler. C'est une mort à une réalité pour survivre à autre chose.

L'après: nouvelle réalité. Un sens du renouveau surgit et il nous achemine vers de nouveaux projets. Cette adaptation à notre nouvelle réalité nous apporte assurance et sérénité. Cette ouverture à des projets apporte une transformation et nous fait vivre dans l'espérance avec un dynamisme renouvelé.

LES PASSAGES DE LA VIE ET DANS LA VIE

Changement — Passage — Crise — Transformation

AVANT	PENDANT	APRÈS
	• *Ce que je vis actuellement* • Ce que j'approfondis • Ce qui est positif 	 **Une nouvelle réalité**
• Sens • Cohérence Valeurs Relations Organisation Fonctionnement	• Perturbation • Éclatement • Écroulement	• Un sens renouvelé ou nouveau • Une nouvelle cohérence sur des bases vitales, redéfinies. Les valeurs.
• Harmonie • Satisfaction • Accomplissement + ou -	• Déséquilibre, désordre • Insatisfaction, malaise, mal-être • Sentiment: inutilité, peur, déception, désorientation, impuissance, découragement, etc.	• Adaptation, sérénité, assurance • Liberté intérieure, bien-être • Transformation de soi et ouverture aux réalisations futures. Espérance.

(Gisèle Dubé, 1998)

Ces moments de grands changements nous déroutent. Nous essayons quelquefois de les lier à des événements extérieurs à nous-mêmes alors que ces perturbations s'inscrivent logiquement dans notre évolution existentielle.

J'ai rencontré un homme de quatre-vingts ans qui a su mettre toutes les chances de son côté lorsqu'il a pris sa retraite. Voici ce qu'il nous livre:

> Je suis né en 1917; c'est vous dire que j'ai vécu de nombreux changements. J'ai vu arriver l'électricité, la radio, la télévision. Les changements technologiques progressent à une rapidité incroyable. Dans ma vie personnelle, le plus grand changement que j'ai vécu avant ma retraite a été celui de professeur de collège à professeur d'université. Cela m'a amené à changer de région et à m'adapter à une nouvelle réalité. J'ai beaucoup aimé mon travail et ce ne fut pas sans peine que j'ai eu à le quitter, mais j'ai appris avec le temps à me créer de nouveaux centres d'intérêt. J'ai commencé à écrire mes mémoires. Je lis beaucoup. Je m'efforce de nourrir mon intelligence. L'intelligence, vous savez, c'est comme un muscle. Il faut l'exercer sinon il s'atrophie. Il a besoin d'être stimulé.

Cette personne d'âge mûr vit bien sa retraite et elle avance doucement en âge. Elle est une référence pour bien des jeunes. Ce retraité maîtrise le changement et il avoue qu'il l'aime parce que ça lui permet d'aller plus loin.

Mais nous ne vivons pas tous le changement de la même façon. Il peut arriver que cette période de désert que nous avons à traverser provoque une crise que nous n'avions pas prévue. Le mot «crise» vient du grec *krisis*. Il implique une certaine incapacité à supporter des événements extérieurs pénibles. Il implique aussi un échec personnel, une faiblesse. Nous avons alors besoin de nous retrouver nous-mêmes, de comprendre ce que nous vivons et d'accepter le changement d'image que cette nouvelle situation provoque. Certaines souffrances peuvent occasionner une inadaptation à cette nouvelle situation de retraite en raison des attitudes et des exigences du milieu.

Un ami me racontait que, le jour où il a pris sa retraite, son épouse l'attendait à la maison avec une longue liste de choses à faire à l'intérieur et à l'extérieur de la maison. À son dire, il venait de changer de patron. Les exigences de son épouse ne favorisaient pas son adaptation à sa nouvelle vie de retraité.

Il faut du temps pour faire le virage et il est important d'être bien en accord avec ce que nous voulons faire sans que ce soit imposé de l'extérieur. Nous avons à nous préparer psychologiquement au changement et à le voir de façon réaliste. Plusieurs personnes qui ont idéalisé la retraite ont été déçues parce que celle-ci ne répondait pas à ce qu'elles s'étaient proposé d'accomplir.

Pour entreprendre positivement cette transition, il nous faudra faire une rupture avec le passé. L'évolution acquise au cours des expériences passées nous a façonnés. En tournant la page, nous regardons en avant sans laisser le passé envahir notre présent. Nous avons vécu des terminaisons dans notre vie (fin de l'adolescence, fin des études, etc.), mais la fin de la vie de travail n'est-elle pas très différente?

La différence, c'est que nous commençons une nouvelle étape qui, en raison de notre âge, sera la dernière. Et, même si nous essayons de rester jeune et de retarder le plus possible l'échéance, nous savons bien que nous ne sommes que de passage. Nous n'avons fait que passer partout où nous avons travaillé.

Une personne qui venait à peine de prendre sa retraite me disait: «Je n'étais pas prête à me retirer et j'ai beaucoup de difficulté à l'accepter.» Une autre personne affirmait: «Je ne peux m'imaginer que je ne retournerai jamais sur le marché du travail.»

Une amie, qui avait pris sa retraite à soixante ans, a décidé, un bon jour, qu'il n'y avait plus de retraite pour elle et qu'elle ne voulait plus que son entourage la considère comme retraitée. Elle a donc accepté de nouveaux contrats et a continué d'occuper son temps dans un travail qui l'intéressait.

Voici ce qu'une journaliste écrivait sous le titre «Les retraités du 1er juillet, un choc pour les retraités, un tournant pour la société»:

> À trois mois d'avis, partir cinq ans plus tôt que prévu avec comme perspective trente ans de vie et, comme défi, celui de les aménager, voilà qui marquera le passage à la retraite de dix-huit mille employés de l'État qui tireront leur révérence le 1er juillet 1997. Quel choc pour ces personnes! Les avantages financiers pourront-ils faire que ces personnes s'adapteront mieux à cette nouvelle étape de vie? Confronté à la nécessité de changer sa vie, le nouveau groupe de retraités pourrait bouleverser au passage celle de toute la société[2].

Comment peut-on réagir à cette perte?

Des personnes vous confieront qu'elles sont entrées dans un processus de dévalorisation en raison de la perte de rôles et de reconnaissance sociale. La vie de travail leur reconnaissait un certain statut et voici qu'elles ont l'impression de se retrouver à la case «Zéro».

«Tant d'expériences, me disait une retraitée, pour devenir d'un seul coup madame Tout-le-monde.» Cette situation apportera pour quelques-uns une diminution de l'estime de soi et la vision du monde se modifiera au point d'entraîner de la passivité, une perte d'adaptation à la situation présente.

D'autres personnes s'empressent de trouver de nouveaux rôles qui leur apporteront une valorisation et une reconnaissance sociale qui faciliteront l'estime de soi et la participation à de nouvelles activités dans la communauté. Il y aura alors une étape d'adaptation dans le sens d'un développement des potentialités. La manière de voir les changements dans notre vie influence notre attitude et notre comportement. Nous disposons à chaque instant de la possibilité de tout remettre en question: nos valeurs, nos objectifs, nous-mêmes. C'est la prise en charge de nos propres choix. C'est la constatation d'être sans cesse en mouvement et en changement. Cette étape nous donne l'occasion de mettre de l'ordre dans notre vie et d'évaluer nos accomplissements passés en fonction de l'atteinte ou de la non-atteinte de nos objectifs. Cette nouvelle étape de vie doit avoir un sens même si nous sommes confrontés, pour un temps, à un sentiment de désarroi, de vide, d'impuissance. C'est notre dynamisme intérieur qui nous permettra d'avancer dans l'obscurité et de croire fermement que la lumière est au bout du tunnel.

Notre vie est un mouvement constant vers quelque chose, une aspiration permanente à des réalisations successives et changeantes. Nous avons besoin de vivre dans l'espérance tout en appréciant la valeur du présent. L'un de mes ex-étudiants aujourd'hui auteur, Florian Chrétien, qui a travaillé dix-huit ans au Japon, affirmait ceci:

Il n'y a pas de retraite pour les sages. Dans les vieilles civilisations orientales, les anciens sont les sages, ceux qui possèdent les secrets de la connaissance dont s'inspirent les gouvernants. Dans l'Ancien Testament, les patriarches, messagers de Dieu, sont les guides spirituels. Dans la primitive Église, c'est aux anciens, les presbytres, que l'on confie les tâches de conseil et d'enseignement[3].

Et, nous, les retraités d'aujourd'hui, qui sommes des bibliothèques ambulantes, avec un vécu riche et prometteur pour les générations qui nous suivent, comment ne pas nous réjouir de cette nouvelle orientation qui nous est offerte? Il est vrai qu'il faudra beaucoup de patience pour vivre la joie d'un nouveau commencement, surtout si la maladie frappe à notre porte sans nous avertir.

Pourquoi résistons-nous au changement?

Le changement est désinstallant. Nous faisons face à l'imprévu et à l'inconnu et il nous faut nous resituer face à nous-mêmes, à l'environnement et aux autres dans des zones d'ombre et de lumière. La réalité n'est pas toujours celle que nous avions envisagée. Même si nous avions vécu bien des changements jusqu'à ce jour, celui-ci est majeur et nous avons tôt fait de découvrir que des liens qui nous semblaient vitaux ne le sont pas. Nous sommes tous marqués dans notre vie par une triple anxiété: la peur de la destruction, le désespoir devant l'absurde et la détresse de l'isolement. Le psychologue et sociologue américain Kurt Lewin a décrit quatre étapes de changement qui sont résumées dans les paragraphes suivants.

La première est l'*anticipation*. Nous avons prévu de prendre notre retraite à telle date, telle année et nous nous préparons à réaliser des activités qui nous tiennent à cœur. Nous nous disposons psychologiquement à faire le saut.

La deuxième étape est la *rupture*. Nous quittons un emploi, une vie professionnelle que nous aimons pour entrer dans une étape de vie inconnue. Nous vivons une perte qui est le deuil de notre carrière. Si nous n'aimions pas notre travail, ce sera sans doute une joie de prendre notre retraite, mais le changement à faire est là tout autant et peut nous faire vivre de l'anxiété et même de la détresse pendant un certain temps. Nous vivons une désorganisation de notre rythme de vie. Il nous faudra nous réorganiser.

La troisième étape est l'*apprivoisement*. Nous faisons le constat, après quelques mois d'adaptation, que la retraite peut avoir des avantages, qu'elle nous donne beaucoup de latitude pour réaliser nos rêves et un temps précieux pour être présents à ceux que nous aimons.

Les étapes du changement selon Kurt Lewin

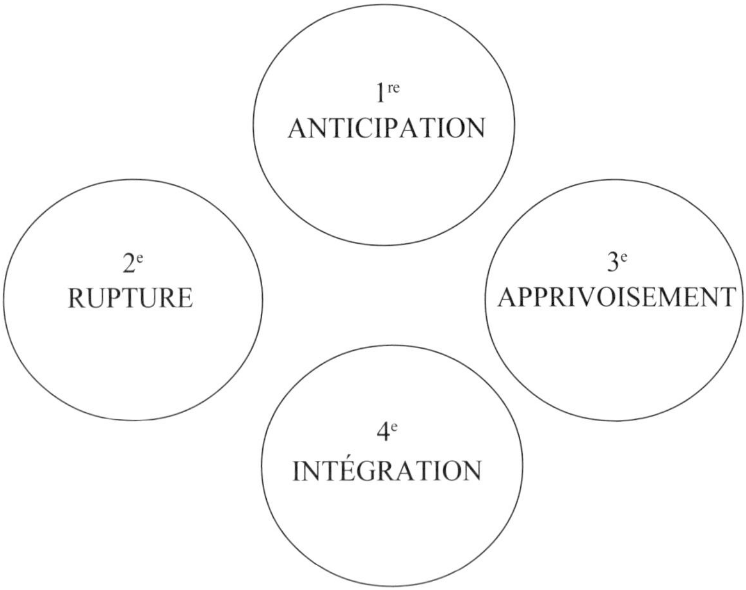

Un ex-enseignant constatait ceci: «Une des occupations que nous continuons, mon épouse et moi, ce sont les voyages. Nous avons toujours eu le goût des voyages, mais maintenant, nous pouvons voyager en dehors de la haute saison. Auparavant, il fallait choisir les mois de juillet et août, mais maintenant, c'est plus facile de choisir.»

La quatrième étape est l'*intégration*. Après quelques mois ou quelques années, nous avons acquis une certaine stabilité. Nous avons choisi des activités qui nous plaisent en mesurant nos limites et nos possibilités. «Je continue à m'intéresser à différentes activités, en diminuant la quantité, surtout depuis que mon épouse a pris sa retraite. Avec l'arrivée de l'Internet, cela m'a permis de réaliser d'autres travaux. Quand j'ai du temps, j'écris mes mémoires et j'attends un répit pour me remettre à faire de la généalogie.»

Ces différentes étapes de changement seront bien vécues si nous les franchissons l'une après l'autre avec le plus de patience possible. Notre vie est une adaptation constante; elle suppose un accord pour être en mesure de vivre en équilibre et en harmonie. Nous gagnons alors en liberté et nous augmentons notre force intérieure. Il y a tout de même un piège qui nous guette dans ce grand virage: c'est la désintégration. S'installer dans la passivité face à la télévision et vivre sans but, sans nouveau projet, ce peut être très problématique et même provoquer la séparation d'un couple.

B) LA RETRAITE EN COUPLE

La transition à la retraite entraîne des changements dans la relation conjugale. Elle implique des nouveaux choix et l'organisation d'une nouvelle structure de vie. Le psychologue américain Levinson (1980) définit la structure de vie comme le schéma sous-jacent de la vie d'une personne donnée à un moment de sa vie.

La structure de vie comprend les relations de travail, l'amitié, les réseaux sociaux, les relations amoureuses, les expériences corporelles, les loisirs, la solitude et les rôles dans les divers contextes sociaux.

La structure de vie possède des aspects externes (les relations aux personnes, aux systèmes sociaux) et des aspects internes (valeurs, conflits, désirs et habiletés). C'est un concept qui est centré sur la frontière entre «le self et le monde». Il permet de saisir l'insertion concrète de la personne dans son univers. Le passage à la retraite correspond aux phases de remise en question et de modification de la structure de vie existante, lesquelles entraîneront l'émergence d'une nouvelle structure de vie. C'est une «zone frontière» où la personne est suspendue entre le passé et le futur et se débat pour combler le fossé qui la sépare de son conjoint.

Le retour définitif au foyer exige un réaménagement des zones personnelles et collectives. Chacun a besoin de son territoire pour éviter que les tensions soient fortes. Lorsque le conjoint revient à la maison, il est normal qu'ayant perdu son statut de travailleur, il s'attribue de nouveaux rôles au foyer.

Pour garder l'harmonie, le partage des tâches et des rôles doit se faire pour le bénéfice de chacun. Le couple a souvent désiré le temps de la retraite pour pouvoir se parler en profondeur et voici que, l'heure venue, il prend conscience qu'il n'a plus rien à se dire. Le bruit de la télévision vient remplir le vide de l'absence d'échanges, car c'était la vie de travail qui alimentait les échanges.

Les conjoints risquent alors de vivre désormais l'un à côté de l'autre, sans autre forme de communication que les messages indispensables. Une nouvelle diversification des activités et des horaires dans le respect de l'autonomie de chacun peut assurer des échanges fructueux. Le couple qui est plus reposé et disponible, plus libre de son temps, peut redécouvrir sa vie sexuelle et les partenaires peuvent s'abandonner, avec bonheur, l'un à l'autre.

Lorsque le plaisir revient, les sentiments ne reprennent-ils pas vie?

Il surgit un problème si les partenaires refoulent ce retour du désir et se refusent des échanges physiques qui risqueraient de bouleverser leurs habitudes. Il n'est pas rare, aujourd'hui, de voir des couples plus ou moins âgés qui se séparent après de nombreuses années de vie commune. Lorsque les liens relationnels, issus du monde du travail, se défont, le seul espace à la portée du couple est sa propre famille. Il se produit alors un resserrement des liens familiaux. Il est à souhaiter que les couples ne comptent pas exclusivement sur leur descendance pour maintenir des contacts sociaux, car cette attitude peut engendrer une forme de dépendance.

Voici des conjoints qui ont eu beaucoup de réajustements à faire. Nous les nommerons Jean et Jeanne. Jeanne est une personne ouverte, dynamique, qui a fait de la maison son royaume; elle n'est jamais allée sur le marché du travail. Elle s'est dédiée corps et âme à ses quatre enfants. Lorsqu'ils ont quitté la maison, Jeanne a entrepris des études et elle est entrée en contact avec différentes associations d'aînées où elle continue d'évoluer. Jean, de son côté, a travaillé dans la fonction publique pendant trente-cinq ans. Quand il annonça à son épouse qu'il allait prendre sa retraite, elle ne manifesta pas de joie, elle avait beaucoup d'appréhension. Jeanne s'était organisé une vie intéressante en dehors de la maison. Elle était libre de ses allées et venues. La présence de Jean à la maison allait déranger son plan de vie. Jean a saisi tout de suite les réticences de son épouse et certains messages plus ou moins négatifs qu'elle lui envoyait. Jean m'a confié ce qui suit:

> En quittant mon emploi, je perdais mon principal lien d'appartenance. En arrivant chez moi, je me suis senti étranger parce que j'avais l'impression d'être un envahisseur dans le territoire de Jeanne. Je me cherchais et me demandais ce que je pourrais faire pour me rendre utile dans la maison. Les frictions se sont multipliées entre Jeanne et moi parce qu'elle avait le sentiment que je prenais trop de place. Jusqu'au jour où je décidai de faire mon bureau au deuxième étage de la maison pour avoir mon espace, mon coin à moi. Cette initiative fut heureuse et diminua de beaucoup la tension.

Jeanne, de son côté, me livrait ses impressions:

> Quand mon mari a décidé de prendre sa retraite, nous avons eu beaucoup de réajustements à faire. Avoir un homme toute la journée dans la maison, ce n'est pas une mince affaire.

J'étais habituée à gérer l'organisation de la maison et nous nous retrouvions deux pour gérer. J'ai eu à lui faire une place et à diversifier les tâches afin qu'il se sente chez lui. Nous avons remis en cause notre vieille manière d'être à deux, moi à la maison et lui en dehors. Se retrouver ensemble vingt-quatre heures sur vingt-quatre change bien des priorités. Nous avons découvert une nouvelle façon de vivre; nous avons développé de nouveaux centres d'intérêt et nous nous sommes fixé des objectifs communs.

Lorsque la maison devient seulement un territoire de repas pour le conjoint, il est assez difficile de s'y intégrer à longueur de journée, lorsqu'arrive la retraite. Se sentir utile à ce moment précis de la vie peut être un défi important.

~ **Références** ~

[1] Détentrice d'une maîtrise en éthique, Gisèle Dubé prépare un doctorat dans la même discipline tout en étant animatrice de groupe.

[2] Sophie Brouillet, «Les retraités du 1er juillet, un choc pour les retraités, un tournant pour la société», *La Presse*, 30 juin 1997.

[3] Florian Chrétien, «Il n'y a pas de retraite pour les sages», revue *Frontières*, Université du Québec à Montréal, automne 1993.

La joie d'aimer et d'être aimé

Chapitre 4

UN DÉFI À RELEVER: SE SENTIR UTILE

Le sentiment d'utilité est si important pour la personne humaine que sa disparition peut amener celle-ci à perdre goût à la vie. Il est donc synonyme de vie. Nous pouvons facilement développer une image négative de nous-mêmes si nous avons l'impression de ne pas être utiles. Nous avons alors tendance à nous retirer et à devenir de plus en plus passifs. «À quoi bon entreprendre quelque chose, disait un retraité, si je ne sers à rien?»

Pour relever le défi de nous sentir utiles, il nous faut trouver des activités valorisantes. Au début, c'est peut-être un effort constant pour sortir de nous-mêmes et aller vers les autres. Nous avons peut-être la surprise de constater que nos amis retraités vivent les mêmes problèmes que nous; nous intéresser à eux nous permet de regarder nos propres difficultés avec une lunette réaliste et non grossissante. En écoutant les autres, nous apprenons beaucoup sur les différentes situations de vie et nous jouons indirectement le rôle de thérapeute face à celui qui se confie. La retraite peut être une période privilégiée si nous adoptons une attitude positive face à notre vécu. Nous avions le sentiment d'être vraiment utiles dans notre vie de travail et nous l'étions sans doute, mais maintenant que nous avons changé de cap, sommes-nous moins utiles? Quelqu'un me disait: «La retraite signifie vivre autrement.»

Se sentir utile autrement

Un petit recul est nécessaire pour retrouver de nouvelles énergies de réalisation. Le travail nous avait souvent empêchés d'être à l'écoute de nous-mêmes, de nos goûts, de nos désirs et de nos rêves de réalisation. Nous avons tout le loisir maintenant d'investir à nouveau dans notre propre développement. Il est nécessaire, pour entrer dans cette nouvelle étape de vie, d'avoir le cœur ouvert et de faire confiance à l'avenir. Si la retraite heureuse consiste à vivre pleinement le temps présent, à continuer d'être actifs et d'avoir des projets, elle doit être tournée vers les autres. Grâce à l'expérience acquise tout au long de nombreuses années, nous avons la possibilité d'en faire profiter autrui et ainsi de nous sentir utiles à la société. *Ne sommes-nous pas redevables à la société pour tout ce qu'elle nous a donné?*

Les autres générations envient notre sort. Dans son ouvrage *Vivre après 60 ans*, Maximilienne Levet affirme que la situation économique transforme souvent les personnes retraitées en «bâtons de jeunesse», parce que les enfants de trente ans et plus ont des problèmes de chômage ou de divorce; les parents deviennent alors une ressource et les aident à porter leurs charges.

Ces situations problématiques ne sont pas toujours faciles à assumer. C'est bien ce que nous décrit Pierrette:

> J'ai cinquante-huit ans, j'ai pris ma retraite il y a un an. J'aurais aimé continuer mon travail, mais les offres alléchan-

tes qui m'ont été faites m'ont incitée à partir. Je me retrouve aujourd'hui confrontée aux problèmes des enfants qui me réclament toutes sortes de services. Je ne me sens pas libre de refuser, car ils connaissent mes disponibilités. J'avais pensé gagner en liberté en quittant mon emploi, mais voilà qu'aujourd'hui je me sens moins libre et j'ai peu de temps pour moi.

Ces situations ne sont pas isolées. Plusieurs personnes les vivent à des niveaux différents.

Que pouvons-nous faire?

Pour donner avec joie, il faut se sentir libre. Se sentir obligé de rendre service, c'est subir. La philosophe Simone Veil affirmait ceci: «*La volonté pure est sans effort; tout ce qui est effort est subi.*» Cette phrase, je l'ai méditée souvent au cours de mon existence et j'ai pu constater que, chaque fois que je me sentais obligée de faire quelque chose parce que cette aide m'était commandée, il m'en coûtait beaucoup plus d'efforts. Dans un autre contexte, je pouvais poser le même geste en étant tout à fait d'accord. Tout s'accomplissait alors tellement plus facilement.

Nous pouvons nous laisser abuser, mais ce n'est pas rentable à long terme, ni pour nous ni pour ceux qui nous imposent leur vouloir. Nous avons à apprendre à dire non quand nous nous sentons envahis. Pour être vraiment utiles aux autres, nous avons besoin de nous ressourcer, de nous réserver des zones de silence, de temps libre, pour lire, faire des sorties culturelles et plaisantes et continuer de faire des apprentissages.

Le sentiment d'inutilité est en relation avec le temps. Le temps étant un contenant, les moments que nous possédons viennent le remplir. Dans une telle perspective, nous avons besoin de substance, de motivation, de but et de sens, c'est-à-dire d'une raison de légitimer l'utilisation à bon escient du temps.

Le temps peut ne pas être considéré comme bénéfique par la personne retraitée, en regard d'objectifs nouveaux. La perception que possède un individu de son utilité ou au contraire de son inutilité fait obligatoirement référence à la gestion de son temps. Quand le temps a été consacré tout entier au travail selon l'expression «à plein temps» et que nous nous retrouvons avec du temps «plein les bras», la question suivante se pose.

Que faire de ce temps?

> Il n'y a pas de solution miracle ou de retraite toute faite. Mais il y a ce que nous sommes, ce que nous avons et ce qui nous entoure. Sur ces bases, le nouveau retraité pourra se faire une vie en réorganisant d'une manière différente le potentiel et les ressources immédiates dont il dispose[1].

L'étape de la retraite nous est donnée pour nous sentir utiles à nous-mêmes. Ce n'est pas de l'égoïsme. Au contraire, c'est une question de survie. Nous avons à nous occuper de notre hygiène physique et mentale, de notre épanouissement sur tous les plans.

Si le temps est vide, quel avenir aurons-nous?

Une personne qui a vécu le choc de la retraite, éprouvé ce sentiment d'inutilité, expérimenté ce grand vide, cette incapacité à remplir le temps et à planifier de nouveaux projets, affirmait ceci:

> Peu de temps après avoir repris «mes esprits», j'ai participé à une pièce de théâtre où jeunes et vieux tentaient de mieux comprendre le conflit des générations qui les opposait, deux visions du monde, des intérêts antinomiques. Puis, au conflit des générations succéda le dialogue des générations. Le soleil brille pour tous. Pourquoi vouloir qu'il soit moins beau et moins chaud pour une partie du monde plutôt que pour tous? *Le rêve n'a pas d'âge*: c'était le titre de la pièce. Elle a eu chez moi l'effet d'un tremplin.

Les occasions de remplir le temps et de le goûter sont multiples, mais elles demandent un effort de participation et d'implication. Nous avons souvent entendu cette phrase: «On n'a rien pour rien.» Il faut y mettre le prix, car tout n'est pas tracé d'avance. Nous avons tous l'initiative de nous assurer une vie intéressante et de regarder en avant.

La retraite nous met-elle à l'écart de la société?

Si nous sommes placés dans une situation de non-participation obligatoire à un univers de valeurs dans lequel la population active baigne en raison d'un travail précis, il n'en reste pas moins que nous sommes appelés à participer aux valeurs d'autonomie, de progrès et de bien-être de la société.

Si nous nous considérons comme exclus du monde des décisions, nous ne pouvons apporter à la société tout ce que nous avons de richesses accumulées. Les valeurs du monde du travail sont avant tout la productivité et l'efficacité. Or, ce ne sont plus les valeurs du retraité. Le fait de devoir prendre une nouvelle orientation et de faire place à d'autres valeurs peut amener le nouveau retraité à se sentir en marge de la société.

Au lieu d'envisager la retraite comme une mort sociale, pourquoi ne pas porter sur elle un regard neuf et la voir plutôt comme une nouvelle vie sociale avec tout le positif qu'elle peut comporter: une intensification des relations, un approfondissement de sa propre vie?

Si le travail confère un statut social, la retraite confère un autre statut qui ne doit pas être moins valorisant. N'est-il pas mieux de tabler davantage sur la personne plutôt que sur ce qu'elle accomplit? «Dans une société encore attachée à l'éthique du travail, le fait d'accomplir un travail productif occupe une place importante dans la hiérarchie des valeurs et certains considèrent le chômage ou le fait de n'avoir pas d'activité productive comme le plus grave de tous les péchés, celui qu'il faut éviter à tout prix[2].»

Plusieurs retraités ont du mal à se sentir utiles à la société parce qu'ils se considèrent comme étant en dehors du circuit social. Ce n'est qu'une impression, car nous sommes une partie intégrante de cette société, quel que soit notre statut. Et nous avons contribué à la bâtir, cette société, n'est-ce pas?

Si le travail donne un sens à notre vie, nous découvrirons à la retraite un nouveau sens qui peut être aussi gratifiant et qui nous permettra de nous réaliser pleinement, même si les revenus ont quelque peu diminué. De nouvelles sources de satisfaction surgiront et nous feront apprécier ce que nous aurons gagné en perdant cette source de valorisation qu'est le travail rémunéré.

Serge a pris sa retraite à cinquante-huit ans, voici son témoignage:

> Après six ans et quelques mois, je continue de penser que la retraite est une bénédiction de la vie. Durant mes trente-trois années de travail en milieu scolaire, comme professeur et administrateur, j'ai vu des collègues être sérieusement malades ou mourir sans vraiment savourer les douceurs de la retraite. La retraite nous offre le plus grand bien qui soit, celui du temps. Mais elle demeure quand même un privilège et un cadeau, même si elle est l'aboutissement normal d'une vie humaine. La période qui a été pour moi la plus ardue a été paradoxalement celle des six premiers mois. Après l'euphorie des premières semaines, j'ai dû réfléchir sur des ajustements d'emploi du temps, expérimenter des troubles mineurs de santé, constater les défis d'un nouveau mode de vie. Car la retraite est un pont jeté vers l'inconnu: plus grande solitude, sentiment de moins évidente utilité, revenus diminués, etc. Un meilleur équilibre est survenu lorsque je me suis engagé dans des activités bénévoles ou partiellement rémunérées. L'obligation de sortir et de respecter des échéances a été salutaire. Ce qui peut se résumer bien simplement en quelques mots: sauvegarder une certaine discipline de base. Une discipline qui englobe plusieurs aspects: gestion du temps libre, sommeil, nutrition, hygiène physique et mentale, collaboration à des causes communautaires.

Il est nécessaire d'avoir une agressivité positive pour se sentir utile à la retraite. Il faut aller au-devant des occasions, ne pas attendre passivement qu'elles viennent à nous. Bien des personnes se bloquent à la retraite en pensant qu'elles sont trop âgées pour entreprendre de nouveaux projets. Je travaille présentement avec des personnes de soixante-dix ans et plus qui démontrent une réelle vigueur et ne se laissent pas arrêter par leur âge.

Si nous sommes paralysés par la maladie, c'est autre chose. Mais si nous sommes en santé, nous la maintiendrons en nous sentant utiles aux autres et à la société. Nous avons à déployer nos ressources, jour après jour, en avançant sur le chemin de la vie avec des buts constructifs, personnels et en surmontant nos sentiments négatifs qui ont tendance à nous abattre. Se rendre utile, c'est utiliser son énergie de façon constructive et c'est devenir, en quelque sorte, maître de sa destinée. «Aide-toi et le ciel t'aidera.» Une existence pleine se vit en acceptant les défis de la vie.

Quels sont ces nouveaux défis que la retraite nous propose?

Ne serait-ce pas de vivre dans une certaine continuité par rapport à ce que nous avons vécu? Par exemple, si nous avions telle ou telle expertise, nous la possédons encore et pouvons continuer de la mettre à profit. La retraite n'est pas un arrêt de nos capacités et possibilités de réalisation. Combien de dépressions et de traumatismes de toutes sortes seraient évités si nous changions notre façon de penser et gardions cette confiance en nous-mêmes qui nous a permis de bien fonctionner dans notre vie de travail? Le potentiel psychologique que nous avons acquis au cours de toutes ces années est capital pour nous réajuster à cette nouvelle étape de vie.

À chaque aube, il y a un jour à cueillir;
À chaque nuit, sa lumière et son luminaire;
À chaque jour, son consentement;
À chaque jour, sa transfiguration[3].

Ce texte n'évoque-t-il pas plusieurs défis?

Accueillir chaque jour qui vient, *accepter d'avancer* sur le chemin de l'existence avec une joie toujours nouvelle. *Vivre dans l'espérance* que le soleil se lèvera sur nos désillusions, que la lumière ne nous manquera jamais. *Donner son accord* pour relever les nouveaux défis de l'existence. *Se laisser transfigurer* par toutes les expériences que l'on vit.

Continuer de servir en se rendant utile, c'est aller vers des sources de joie. Nous semons du bonheur autour de nous et en recevons le double et le triple. Nous apprécions les autres pour ce qu'ils sont et les autres nous estiment pour ce que nous sommes. Nous y mettons de l'humour et évitons de dramatiser nos erreurs ou nos manques de tact. Nous avons acquis, avec l'âge, un sens de la relativité. Nous sommes capables de prendre du recul face à nos expériences. Nous avons acquis la paix intérieure que procure la satisfaction du devoir accompli. «Mon cœur est dans la joie car tu me sauves.» (Psaume 12, 6)

En faisant des efforts pour sortir de nous-mêmes et aller aux autres, nous ressentons le bonheur de donner. Et c'est ce que nous donnons qui nous procure une vraie richesse et non ce que nous prenons. Nous connaissons des personnes handicapées qui ne se sont pas laissé arrêter et qui continuent d'être utiles. Nous avons le bel exemple de notre lieutenante-gouverneure, madame Lise Thibault.

> L'homme qui a le sens de sa mission pourra être conduit à prendre des initiatives, et même à adopter des genres de vie extrêmement différents, imprévisibles jusqu'à être incompréhensibles et déconcertants pour autrui. Cela se produira souvent à l'occasion de difficultés insurmontables qu'il lui

faudra contourner à longueur d'années, sans trop savoir où il va, mais guidé avec une exactitude dont il s'émerveillera plus tard[4].

Cette démarche peut être exigeante, mais combien épanouissante à long terme, puisqu'elle permet de parvenir à une réelle connaissance de la vie, à partir de son vécu et non d'une certaine connaissance de la valeur originale de sa propre réalité prise en soi, indépendamment de la considération de son passé et de son avenir. Elle n'a pas d'autre contenu intellectuel que cette affirmation nue[5].

Cette foi en soi a besoin d'être fortifiée quand nous nous sentons menacés de perdre pied dans une situation sans issue. Un retraité qui a vécu ce défi nous raconte ceci:

> Je suis allé à l'assurance-chômage, mais là, on ne cherchait qu'à me faire remplir des formules servant à obtenir (ou non) du chômage. On appelait cela «Emploi et immigration», mais ce n'était qu'un nom. J'ai fait appel à la députée de l'époque pour avoir une entrevue dans l'espoir de décrocher un emploi. J'ai obtenu l'entrevue, mais comme je voulais seulement faire du traitement de texte, il n'existait aucun emploi du genre, sauf si j'étais secrétaire. J'ai posé ma candidature, mais ce fut peine perdue, on n'engageait que des filles dans ce métier.

Que de ténacité il lui a fallu pour continuer sans se décourager de chercher à faire ce travail pour lequel il se sentait préparé. La foi en lui-même et en ses capacités lui a donné l'impulsion de continuer sa recherche.

Ne sommes-nous pas des êtres créateurs?

C'est en créant que nous pouvons donner réellement un sens à tout ce qui nous arrive et que nous pouvons l'assumer. La recherche entre dans cet acte de création et elle exige efforts et persévérance. Elle peut consister à chercher à l'extérieur ou à créer son propre emploi comme plusieurs retraités savent le faire, n'ayant pas en main les possibilités pour se créer une petite compagnie. D'autres occuperont leurs moments libres différemment et sauront faire preuve de détermination pour apprendre à bien gérer leur temps.

~ **Références** ~

[1] Louis Plamondon, Gilles Plamondon et Jean Carette, *Les enjeux après 50 ans*, Éditions Robert Laffont, 1984, p.78.

[2] Brian Mishara et R. Riedel, *Le vieillissement*, Paris, PUF, 1984, p. 71.

[3] Simone Paré, *Sagesse du soir*, Éditions Anne Sigier, 1986, p. 165.

[4] Marcel Légaut, *L'homme à la recherche de son humanité*, Éditions Aubier, 1977, pp. 202-203.

[5] *Ibid.*, p. 2.

Une joyeuse complicité intergénérationnelle

CHAPITRE 5

LA LIBERTÉ DE TOUS SES CHOIX

L'idée de liberté s'impose très tôt à notre esprit, plus vite que tout autre concept. Nous pouvons utiliser notre liberté parce que nous sommes des êtres conscients. La conscience nous dicte les décisions à prendre: elle est très liée à l'imagination créatrice.

Que de fois n'avons-nous pas exprimé notre désir d'être à la retraite pour pouvoir choisir nos activités et en créer de nouvelles?

Après toutes ces années d'expérience, nous comptons plusieurs cordes à notre arc. Nous connaissons nos intérêts et nous sommes capables de faire un choix judicieux de nos activités, tant dans le domaine de la culture, des sports, des voyages que dans tout autre champ d'activités que nous n'avons pas encore exploré. Nous pouvons aussi choisir une continuité de carrière. Je connais un comptable qui continue, après une carrière au gouvernement, à faire des rapports d'impôt. Il aide ainsi un grand nombre de personnes qui sont très satisfaites de ses services. D'anciens journalistes écrivent régulièrement dans des revues. D'autres personnes décident de donner quelques années dans les pays en voie de développement.

Un ex-enseignant nous livre ceci:

> J'ai été sollicité par un ancien collègue pour diriger un journal. Ce n'était pas un hebdomadaire. Il était publié quatre ou cinq fois par année. Plusieurs aspects de ce travail m'étaient inconnus, mais j'ai été engagé quand même. L'expérience qui a duré un an m'a beaucoup apporté. Par la suite, un autre ancien collègue m'invite à fonder une entreprise avec lui. C'était du traitement de texte. Nous avons fonctionné deux années en nous partageant le temps trois jours pour lui et deux pour moi. Ensuite, je décidai de fonder ma propre entreprise de traitement de texte en y associant mon fils. J'ai gardé un certain nombre de mes anciens clients, d'autres sont venus spontanément. Je ne récoltais pas des sommes fabuleuses, mais je trouvais le travail satisfaisant.

Composantes d'évolution et de performance dans les rôles sociaux

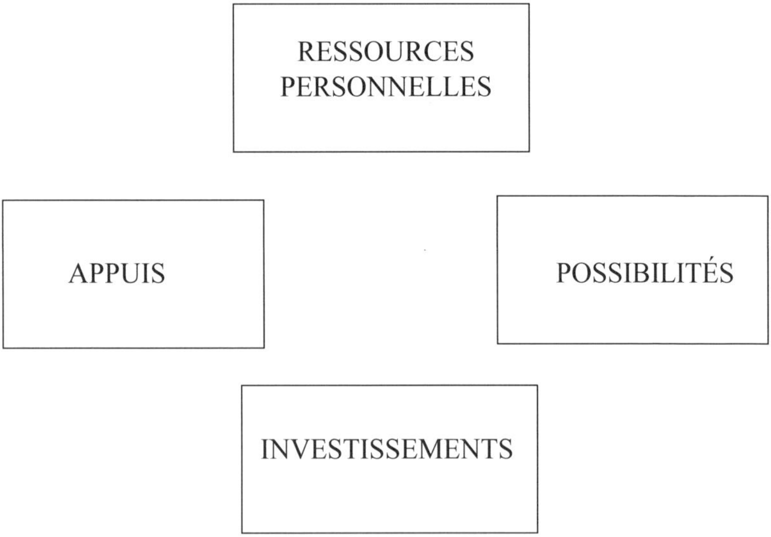

Ce retraité s'est donné de nouveaux projets et il a su se rendre utile à lui-même, à son fils et à la société. Les besoins ne manquent pas, ni les moyens pour y répondre. L'attitude d'ouverture face à la nouveauté est importante pour entreprendre des activités passionnantes. Une étude réalisée par Anne-Marie Guillemard a démontré qu'il existe deux groupes de facteurs qui sont les principaux déterminants des groupes de retraités: les *ressources* et les *potentialités*. Elle devait conclure que les pratiques de retraite sont largement déterminées par le niveau et la nature des ressources matérielles et intellectuelles héritées de la vie active[1].

Les ressources matérielles accumulées au cours de la vie de travail permettent une certaine liberté et peuvent apporter une relative sécurité face au choix des activités. Quant aux *potentialités*, les compétences acquises, le réseau des relations sociales et les capacités d'initiatives et de participation sociale sont un atout important qui influence l'orientation de la retraite. Passer d'un travail productif mesurable à une autre forme de productivité non mesurable amène des perceptions nouvelles.

Selon Clausen (1961), quatre composantes sous-tendent l'évolution du cours de la vie et la performance dans les principaux rôles sociaux durant chacune de ces périodes constitutives. Ce sont:

a) *Les ressources personnelles* de l'individu: intelligence, apparence physique, force, santé et tempérament;
b) *Les appuis* dont il dispose pour découvrir son monde et s'y débrouiller;
c) *Les possibilités* qui s'offrent à lui pour assumer ses rôles ou vaincre les obstacles qu'il rencontre dans cette

tâche et qui sont liés à des caractéristiques personnelles ou sociales, telles que la classe sociale, l'ethnicité, l'âge, le sexe, ou encore aux effets d'un bouleversement social comme une guerre, une crise économique ou autre et dont l'impact varie d'une cohorte d'âge à l'autre;

d) *Les investissements* d'effort de l'individu dans sa propre personne (engagement) et la mobilisation de ses ressources vers cette fin[2].

Même si nous ignorons ce que sera demain dans sa réalité, il est primordial de nous mettre en mouvement et de tirer parti de chaque instant, en planifiant des projets concrets qui nous aideront à nous motiver. Pour réussir sa retraite et avoir du plaisir à vivre, l'attitude mentale et la façon de regarder la vie jouent un grand rôle.

Dans son ouvrage *L'âge de la flamboyance*, Maximilienne Levet parle d'une nouvelle ère: celle du temps reconquis, non fixé par quelqu'un d'autre, mais dont chaque retraité dispose librement selon ses goûts, ses talents et sa fantaisie. C'est en somme le temps du désir. Pourquoi parler de préparation à la retraite, demande-t-elle, alors qu'il devrait s'agir de préparation à une nouvelle vie? Et elle conclut en disant que la meilleure préparation à l'avancée en âge est le refus de la retraite[3].

S'installer dans une passivité n'a rien de bien valorisant et les vacances prolongées n'apportent pas nécessairement un plus à notre vie. Dans un article intitulé «Nouveau regard sur la retraite», Gilbert Leclerc et Renée Rowan affirment ceci: «Ce qui distingue la retraite de toute autre période, c'est la liberté plus grande que jamais d'organiser ses activités et de conduire sa vie en fonction de ses valeurs et de ses centres d'intérêt, en étant préoccupé avant tout par le plein développement de ses potentialités[4].»

Sommes-nous préparés à prendre notre retraite?

Une retraitée (ex-fonctionnaire) répond à cette question:

> Au cours de ma vie active, ma seule préparation en matière de prévoyance de retraite a été de cotiser au maximum à un régime de retraite. Je suis donc entrée dans mon nouvel état un peu comme pour un départ en vacances en disant adieu aux contraintes du temps, aux échéances et au stress. Mais voilà, en peu de temps et malgré une inscription à un programme universitaire et un solide projet de lecture, j'ai eu le sentiment profond que ma vie manquait de boussole, de profondeur, de stimulation et de buts précis. Le réseau de relations humaines tissé autour du travail, son effet stimulant et le sens d'appartenance qu'il engendrait me manquaient et me manquent encore grandement. Passer d'un monde structuré, organisé et pleinement occupé, à un état de quasi complète individualité, sans projet mobilisateur, extérieur à soi-même, me donne un sentiment profond d'isolement, d'inutilité et de déclassement social. Je me sens, malgré tout, privilégiée parce que je suis à l'abri du besoin matériel et que j'ai la passion de la lecture. Cependant, j'appelle de tous mes vœux une meilleure intégration des retraités dans la vie «réelle» de notre société. Je souhaite aussi un projet mobilisateur brisant l'isolement et susceptible de me rendre utile à moi-même et aux autres.

Cette dame aura à déployer tous ses efforts pour trouver ce projet mobilisateur qui la fera vivre. Nous ne pouvons espérer que tout nous soit offert sur un plateau d'argent. Le temps peut être long si nous attendons les occasions. Il faut les provoquer, aller au-devant. La difficulté qui existe entre l'arrivée à la retraite et le futur projet mobilisateur, c'est que l'ancien est en train de mourir et que le nouveau n'est pas encore né. Mais penser à ce que nous voulons vivre, c'est l'attirer. La pensée est créatrice. Si nous savons vraiment ce que nous voulons, il n'y a aucune raison qu'il n'existe pas de réalisation. Nous sommes faits pour créer. Cela fait partie de notre nature.

> Qu'est-ce qui est intéressant dans une bougie? Ce n'est pas la cire ni la mèche. C'est la flamme. Que la bougie soit neuve ou qu'elle arrive à sa fin, la flamme est la même, elle produit autant de chaleur, autant de lumière. De même, ce qui est important dans l'être humain, ce n'est pas seulement son corps, c'est son intelligence, son être qui reste le même de sa naissance à sa mort. La capacité de vivre, le désir de vivre le changement. (Dr Pierre Guillet)

Il nous faut une très grande motivation pour nous orienter vers une vie d'activités à la retraite. La liberté retrouvée a un prix. Nous nous devons de bâtir de nouvelles relations et d'entreprendre ce qui nous tient à cœur. Si nous nous arrêtons, au moment de la retraite, à l'idée d'un repos bien gagné, cette conception peut être néfaste pour notre santé. Nous ne sommes pas sans savoir que les maladies sont beaucoup plus élevées chez les retraités inactifs que chez les retraités actifs. L'activité ne peut être seulement physique, elle doit aussi être intellectuelle.

Mise en forme par quelques exercices physiques

LA MARCHE	
LA GYMNASTIQUE	LA NATATION
LE SKI DE FOND	LE GOLF
LA DANSE	

Parmi les activités physiques, la marche doit être mise au premier plan. C'est un sport simple, peu coûteux et très efficace. Elle aide à la circulation et à une bonne oxygénation. Elle permet d'éviter l'obésité qu'il est important de combattre par tous les moyens possibles. Il est excellent de marcher une heure par jour, de façon modérée, dans les endroits les moins pollués, à la campagne si possible.

Les personnes qui deviennent membres de clubs de marche goûtent les plaisirs de la convivialité et elles peuvent enrichir leurs connaissances sur les végétaux, les champignons, etc. Les personnes qui n'aiment pas marcher pour différentes raisons peuvent faire de la gymnastique chez elles. Les conditions météorologiques ne sont pas toujours favorables. S'astreindre à faire au moins quinze minutes de gymnastique deux fois par jour maintient en forme.

Une autre activité des plus bénéfiques est la natation, parce qu'elle met en mouvement toutes les parties du corps. La bicyclette est toujours très prisée à tous les âges de la vie. Elle est quelquefois plus en vogue que la marche, pour les personnes qui souffrent d'arthrite ou de rhumatisme. Le ski de fond, l'hiver, en plus de favoriser l'activité de tout le corps, apporte une bonne oxygénation. Les bienfaits du golf sont comme ceux de la marche à pied, mais en plus ce sport accroît la maîtrise de soi et la coordination des mouvements.

La danse est une activité très appréciée par tous les groupes d'âge. La «danse de ligne» qui est très populaire chez les retraités de tous âges favorise la détente. Il existe beaucoup d'autres activités qui peuvent nous apporter un bien-être et nous donner de l'énergie: le yoga, le taï chi, etc.

Une étude réalisée à l'Université de Harvard est arrivée à la conclusion que la pratique d'activités physiques augmenterait la longévité.

Les activités intellectuelles

L'esprit doit continuer à être actif. Si le cerveau est au ralenti ou ne fonctionne pas, il risque, semblable aux muscles sans exercice, de s'atrophier.

La *lecture* est un moyen très simple à notre portée, qu'elle porte sur l'histoire, les arts, la politique ou tout autre domaine. Les *mots croisés*, les *échecs*, les *cartes* permettent d'exercer notre mémoire et notre esprit d'analyse. Les *voyages*, les *sorties culturelles*, le *cinéma*, le *théâtre* et la *musique* favorisent l'exercice de l'esprit mais aussi du corps.

Il ne faudrait pas minimiser, à la retraite, les *activités affectives*. Notre système immunitaire a des chances de bien se comporter si nous sommes heureux et que l'activité affective se manifeste par l'amour, l'affection ou la tendresse.

Être amoureux et rempli de tendresse, n'est-ce pas un excellent facteur de bonne santé?

La personne qui vit isolée, qui souffre de solitude, devient vite dépressive et peut même vouloir en finir avec la vie.

Dans un article intitulé «Les jeunes retraités de l'État intriguent et inquiètent», Gilbert Leduc affirme ceci:

> Récemment, des médias rapportaient des cas de suicide parmi les nouveaux retraités. Les causes du suicide seraient reliées à une mauvaise préparation à la vie après le travail. Par ailleurs, il semble que le nombre de ménages brisés à la suite de la retraite mal préparée d'un des conjoints ne cesse d'augmenter. Des études démontrent qu'un couple sur trois ne survivrait pas à une retraite planifiée à la hâte[5].

Ce même article souligne que des enquêtes sont menées présentement auprès de 780 nouveaux retraités de l'État pour connaître leur état de santé, les relations avec leur conjoint et leurs enfants, la consommation d'alcool et leur préparation face à l'avenir.

Stimuler son cerveau par des activités intellectuelles

LECTURE

MOTS CROISÉS | SCRABBLE

ÉCHECS | CARTES

SORTIES CULTURELLES

VOYAGES | VISITE DE MUSÉES

CINÉMA	MUSIQUE	THÉÂTRE

Cette investigation est menée par le Département de sociologie de l'Université Laval en collaboration avec Emploi-Québec, la Commission administrative des régimes de retraite et d'assurance (CARRA) et la Commission de la Capitale nationale. Nous ne pouvons faire abstraction de notre vulnérabilité et nous savons comment nous réagissons quand nous sommes dans cette phase. Cette réaction peut être très différente de ce que nous aurions pu soupçonner.

Nous avons la chance d'être encore bien vivant alors qu'il y a tant de jeunes autour de nous qui meurent prématurément et qui ne pourront jamais goûter à la joie d'une retraite bien vécue. Plusieurs de nos parents et grands-parents n'ont peut-être pas eu une longue vie en raison d'une médecine moins développée.

N'allons-nous pas vers une société où l'âge perdra de son importance?

La notion de retraite s'est beaucoup transformée depuis quelques années. Nous rencontrons trois générations de retraités, les jeunes retraités de cinquante ans, les intermédiaires de soixante ans et les retraités de soixante-dix ans et plus.

Il existe donc des milliers de retraités avec leur passé et leur expérience. Chacun, puisant dans son histoire personnelle, doit trouver les moyens pour vivre une retraite harmonieuse en s'orientant vers des activités sociales, culturelles, physiques et intellectuelles.

L'abaissement de l'âge de la retraite laisse beaucoup de temps pour toutes ces activités. Elles sont un facteur d'intégration sociale. Elles apportent un bien-être et favorisent une réappropriation du corps. Toutes les activités physiques ou mentales sont les meilleurs outils de prévention de la maladie. La clef de la réussite pour une retraite qui ne débouche pas sur le vide, c'est l'équilibre entre les projets de création et la vie de loisirs.

Qu'est-ce qui nous empêche d'être heureux et satisfaits?

Nous n'avons peut-être pas trouvé les projets grâce auxquels nous pourrions développer nos capacités créatrices. Nous tournons en rond et vivons dispersés. Un retraité affirmait:

> À mesure que le temps avançait, je me suis aperçu qu'il fallait demeurer fidèle aux valeurs qu'on a toujours eues. Au début, j'ai cru naïvement pouvoir songer à des activités absolument nouvelles pour moi: exercices sportifs, voyages et loisirs différents. Si ça fonctionne pour certains, ce n'est sûrement pas, d'après moi, une règle générale. Car c'est en consacrant encore plus de temps à mes «vieilles» passions que j'ai mieux vécu ma retraite: amour de la musique classique, loisirs de l'écriture et de la lecture, promenades imprévues en automobile, perfectionnement de mes modestes talents en art culinaire. Nous serons heureux et satisfaits à la retraite grâce à nos relations avec la famille, les amis, la communauté locale. Le fait de fortifier ces liens relationnels nous apporte un «plus» dans nos activités quotidiennes et un équilibre affectif indispensable à mesure que nous avançons en âge.

Les retraités qui ont tendance à s'isoler et qui s'individualisent génèrent un sentiment de solitude, car ils vivent un manque de relation à l'autre. Cet isolement socio-affectif n'est pas salutaire. Il est bien évident que si nous n'avons pas su créer des réseaux de solidarité en dehors du travail, il sera plus difficile de créer de nouveaux rapports sociaux. Combien d'individus se surinvestissent dans leur travail et n'ont guère de temps pour les relations interpersonnelles et sociales? Ces personnes sont plus disposées à éprouver un sentiment de solitude à leur retraite. Le retraité qui a vécu isolé essaie de redécouvrir sa famille, ses enfants, qu'il ne voyait que très épisodiquement. Nous ne pouvons nier que les personnes qui ont de la difficulté à boucler le budget en raison d'un revenu de retraite insuffisant, peuvent aussi se sentir isolées parce qu'elles ne peuvent pas se payer certaines activités qui contribueraient à améliorer leur satisfaction face à la vie. Un retraité avance:

> Comme toutes les étapes de la vie humaine, celle de la retraite possède donc ses splendeurs et ses petites misères. On a plus de temps à soi et une plus grande liberté d'action, ce qui permet d'oublier les anciennes obligations et de se consacrer à des activités informelles. Mais on peut parfois s'ennuyer du travail quotidien valorisant ou ressentir une sorte d'isolement social. J'ai donc conservé des liens avec les hommes et les femmes des milieux où j'ai travaillé, par des visites occasionnelles, quelques repas à leur cafétéria et la participation à leurs activités récréatives du club social.

Pour sortir de notre isolement, à la retraite, il faut aller aux autres, prendre des initiatives qui n'exigent pas beaucoup d'argent, mais qui peuvent nous nourrir affectivement. Quand l'affectif reçoit son dû, il est plus facile par la suite d'entreprendre des activités créatrices.

Dans son ouvrage *Se sentir bien dans sa peau*[6], le docteur Maxwell Maltz donne dix composantes de la retraite avec leurs valeurs opposées:

1. *Le recul* (son opposé, le retour). Nous tournons le dos aux problèmes, aux responsabilités. Nous sommes effrayés devant les nouveaux projets à bâtir et nous nous isolons.

2. *L'éviction* (son opposé, la conviction). Notre manque de confiance en nous-mêmes, en nos capacités, nous empêche de planifier de nouvelles activités.
3. *La tendance à renoncer* (son opposé, le courage d'agir). Cette tendance traduit la panique devant notre nouveau mode de vie. Nous nous sentons impuissants.
4. *L'impuissance* (son opposé, la puissance de l'imagination). Nous manquons d'énergie. Nous ne sommes pas prêts à nous lancer dans quoi que ce soit.
5. *La démission* (son opposé, la réaffirmation). Notre vie est vide. Le départ du travail a laissé beaucoup de temps inoccupé. Nous avons le goût de tout abandonner. Le plaisir est disparu.
6. *L'évasion* (son opposé, la responsabilité). Ce grand vide nous laisse un goût amer. Nous avons l'impression que la vie ne vaut pas la peine d'être vécue. Nous nous isolons.
7. *Demain* (son opposé, aujourd'hui). Nous remettons les choses que nous pourrions faire aujourd'hui. Il arrive que nous ne les fassions jamais. Nous nous dérobons aux réalités quotidiennes.
8. *L'ennui* (son opposé, l'émancipation). Nous n'avons pas su encore nous bâtir une vie captivante.
9. *L'absence d'orientation* (son opposé, l'orientation sur un objectif). Nous sommes sans but. Le dynamisme fait défaut. Nous n'avons pas le sentiment d'accomplissement.
10. *Le traître* (son opposé, l'ami). Sommes-nous un traître ou un ami pour nous-même? Avons-nous renoncé à notre image? Le docteur Maltz nous donne le con-

seil suivant: «Soyez votre propre ami et ne battez jamais en retraite.» Pour mettre à profit ce souhait, il nous faudra apprendre à gérer notre temps.

Prendre sa retraite de la vie ou vivre pleinement sa retraite

1. Recul	Retour
2. Éviction	Conviction
3. Tendance à renoncer	Courage d'agir
4. Impuissance	Puissance, imagination
5. Démission	Réaffirmation
6. Évasion	Responsabilité
7. Demain	Aujourd'hui
8. Ennui	Émancipation
9. Absence d'orientation	Orientation sur un objectif
10. Traître	Ami

~ Références ~

[1] Anne-Marie Guillemard, *La retraite, une mort sociale. Sociologie des conduites en situation de retraite*, Paris, Mouton-La-Haye, 1972, pp. 231-233.

[2] J. Clausen, *The Sociology of Aging*: *Selected Reading*, 1961 pp. 38-50.

[3] Maximilienne Levet, *L'âge de la flamboyance*, Éditions Jacques Bertoin, 1993.

[4] Gilbert Leclerc et Renée Rowan, «Nouveau regard sur la retraite», *Le Gérontophile*, vol. 14, nº 1, p. 10.

[5] Gilbert Leduc, «Les jeunes retraités de l'État intriguent et inquiètent», *Le Soleil*, 20 janvier 1998, p. A-6.

[6] Dr Maxwell Maltz, *Se sentir bien dans sa peau*, Éditions Un monde différent ltée, 1982, pp. 194-202.

Une vie marquée par le temps

Chapitre 6

UN TEMPS À GÉRER

Ne sommes-nous pas obsédés par le cadre temporel de notre existence?

Nos expressions traduisent bien cette obsession: «Prends ton temps», «Je n'ai pas de temps à perdre», «Pour réussir, il faut y mettre du temps», «Quand on travaille on perd la notion du temps», «Le temps, c'est de l'argent», etc.

Nous sommes dans le mouvement du temps qui est un tunnel dans lequel nous sommes engagés et duquel nous sortirons lorsque nous arriverons à l'autre bout. La façon de gérer le temps est étroitement liée à la vision que nous avons de la vie. Nous l'organisons en fonction des buts que nous voulons atteindre et en accord avec notre vision et philosophie de vie. Nous avons à nous réconcilier avec le temps et à le mettre au service de notre accomplissement. Il passe, il fuit. Il s'agit d'en faire bon usage, car l'instant passé ne revient pas. Quelqu'un affirmait: «Il ne s'agit pas de vouloir à tout prix remplir le temps, mais d'avoir du temps bien rempli.» Un retraité confie ceci: «Je m'impose, chaque matin, deux ou trois heures de lecture, d'écriture et de révision de textes. Cette planification me paraît importante pour un emploi du temps créateur et productif. Le reste de la journée sera consacré aux tâches quotidiennes pressantes et aux rencontres. Si nous entreprenons des projets, il faut être structuré, sans trop de rigueur pourtant, quand on dispose de tout son temps.»

À la retraite, comme à toutes les étapes de la vie, il est primordial pour une bonne santé physique et mentale, de se ménager des moments de repos et de consentir à «perdre son temps». Le dépenser ainsi, n'est-ce pas le gagner? Nous sommes toujours confrontés à l'écueil de l'activisme. Nous entendons souvent des retraités affirmer: «Je n'ai jamais été aussi occupé que depuis que je suis à la retraite.» La peur de nous ennuyer nous pousse à remplir nos agendas. Nous manquons alors de temps pour l'essentiel.

Voici le témoignage de Pierre à ce sujet:

> L'important pour moi, en tant que retraité, n'est pas de produire de multiples œuvres. L'important est de poursuivre l'œuvre que je suis en train d'accomplir maintenant: mon épanouissement, ma croissance. Là se trouve la tâche principale qu'il me reste à accomplir. Si j'avais plus de temps, qu'en ferais-je? Je n'aurais qu'à continuer plus longtemps la même œuvre de vie: intériorité, intégration, dans la réflexion, l'étude et l'écriture. Quand on a fini de travailler pour gagner sa vie, on n'a pas fini de grandir, on n'a pas fini de remplir son rôle. Notre mission n'est pas terminée. Le rôle qui nous reste à jouer, la principale tâche qui nous incombe, c'est de nous parfaire, de grandir encore, de mûrir toujours et de léguer à nos enfants le capital d'expériences, de sagesse et d'amour dont nous sommes les dépositaires.

Ce programme apporte un équilibre de vie et il est le résultat d'une bonne santé physique et mentale. Nous avons des besoins spécifiques de fonctionnement dans un nouveau cadre de vie qui exige une nouvelle motivation.

La motivation est liée au besoin. L'un et l'autre sont le produit de changements dans l'équilibre biologique entre l'organisme et son milieu, exigeant la recherche d'un autre équilibre. Il n'y a pas identité entre besoin et motivation. Le premier est un certain état de l'organisme ou d'une partie de celui-ci; la seconde est un état du système nerveux résultant du premier de façon directe ou par l'intermédiaire de stimulus internes ou externes susceptibles de pousser l'organisme à une activité[1].

Lors de notre arrivée à la retraite, nous sommes peut-être tout feu tout flamme en songeant au temps que nous aurons pour réaliser nos projets, mais lorsque l'euphorie est passée, une certaine lassitude peut s'installer et la planification du temps devient une source d'angoisse. La désillusion s'empare de notre esprit et nous ne savons trop comment nous en sortir. Nous pouvons avoir la tentation de regarder en arrière et de regretter d'avoir quitté le travail.

Pour éviter que la morosité nous envahisse, nous devons réagir vite. Si nous nous replions sur nous-mêmes, la dépression nous guette. Le remède par excellence est de planifier nos journées petit à petit avec un emploi du temps qui corresponde à nos possibilités. Il faut faire quelque chose; l'oisiveté n'a jamais aidé personne.

Une retraitée déclarait ceci:

La fuite du temps est dramatique si on considère le temps comme l'échéancier de tout. On peut être serein si on l'envisage comme un espace qui nous est alloué pour un accomplissement. On pourra alors, dans une perspective cosmique et spirituelle, le considérer comme la porte d'un passage vers une autre forme de vie. Mais il n'y a pas que la perspective finale à considérer; il reste l'aspect important du bon usage que l'on doit faire du temps.

Pour le psychiatre américain Rollo May (1972), la vie est un mouvement dynamique entre ce qui a été et ce qui est en train de devenir. Chaque instant nous rapproche un peu plus de la fin. «J'ai vécu tendu vers l'avenir et maintenant je me récapitule au passé; on dirait que le présent a été escamoté[2].» Ce présent continuellement «escamoté» n'est-il pas le signe élémentaire de la mort sans cesse renouvelé tout au long de notre existence?

Étant donné que l'ouverture à l'avenir se réduit chez le retraité, le passé prend alors de plus en plus d'importance. L'existence perçue comme limitée peut être source d'angoisse pour le retraité qui vit cette dernière étape de vie. En fait, c'est le futur qui initialement donne un sens à l'existence. L'enfant, l'adolescent et le jeune adulte se projettent dans ce qui est à venir. L'ouverture au futur se réduit à mesure que nous avançons dans le temps.

Le temps exerce donc une emprise profonde sur tous les aspects de notre vie. À chaque instant, le temps nous est donné pour nous être aussitôt arraché. L'expression «on a fait son temps» signifierait «on a vécu ce que l'on avait à vivre et il faut bien se résoudre à accepter».

Un retraité, très conscient de ce qu'il vivait, s'exprimait ainsi:

> Le déroulement du temps s'insère dans la préoccupation majeure du reste de ma vie: à savoir celle de progresser plutôt que de produire. Car, comme me le disait un ami: «L'important, ce n'est pas ce que tu as fait dans ta vie; c'est ce que tu es devenu et ce que tu es maintenant.» Par moments, j'ai une conscience aiguë du «galop du temps». Ce n'est pas une angoisse mais une réflexion que je veux sereine. Je veux

considérer le temps comme un allié plutôt que comme un ennemi.

La conscience du temps qui passe s'adresse à notre expérience intérieure. La durée du temps n'est donc que l'organisation du successif. Sa quantité dépend de la vitesse de succession des stimulations (motivations), et sa qualité, de leur nature.

> Dans ce monde fini, la dimension temps mesure notre existence. La notion d'éternité nous amène hors du temps. Le bout du temps qui m'est accordé est une grâce, un don à exploiter, un prêt à faire fructifier. Jeune enfant, je n'avais pas la notion du temps. Je ne me rendais pas compte de sa fugacité. J'étais en attente perpétuelle de nouveaux événements, de nouveaux bonheurs du moment. Maintenant, je considère le temps comme un allié. Je voudrais le retenir. Je n'ai qu'une pensée: bien vivre le temps qui me reste. (Paul, retraité)

Plus la société est soumise à une évolution rapide, plus le temps prend une coloration particulière. La valeur du temps est donc inséparable de son usage social. Exemple: pour le chômeur qui cherche du travail, le temps libre a une valeur nulle. Pour la personne retraitée qui est inactive et sans motivation, c'est la même conception. Mais, pour le retraité qui a des projets et qui s'intéresse à beaucoup de choses, le temps est considéré comme une valeur précieuse.

Il existe trois sortes de sociétés dont la relation au temps est très différente:

Les *sociétés traditionnelles* (pré-industrielles, nomades, agricoles) se caractérisent par la dépendance de leurs activités à l'égard du milieu naturel, de ses lois, de ses rythmes, auxquels un caractère sacré est conféré. La notion dominante est celle du temps cyclique. Dans ces sociétés, les combinaisons productives sont relativement stables, les énergies domestiques proches de la nature; elles obéissent aux rythmes cosmiques et commandent les rythmes sociaux et familiaux. La division du travail est faible. L'homme et la femme vivent au même rythme, au sein d'un même milieu. La distinction entre travail et loisir n'existe pas en tant que telle. Tout baigne dans le sacré. Le futur est comme chassé du monde: l'épargne est faible et le prêt à intérêt réprouvé. (L'intérêt est le prix du temps. Or, le temps n'appartient qu'à Dieu.)

Dans les *sociétés industrielles*, le temps devient créateur. C'est un bien économique qu'on gagne, économise, achète et vend, un bien universel par l'intermédiaire de la monnaie d'échange. Ce temps conduit au développement d'un milieu de vie (la ville, l'industrie) qui a ses lois et ses rythmes, différents de ceux du milieu naturel et qui entrent en conflit avec ce dernier. La division des tâches prolifère dans une multiplicité de temps spécifiques. Le temps est éclaté, raccourci, ne baignant plus dans le sacré. Il s'arrête avec la mort.

Finalement, à l'intérieur des *sociétés post-industrielles*, un nouveau type de relations entre la personne et son milieu semble s'amorcer. L'individu redécouvre qu'il est dépendant de la nature, que les temps économiques doivent respecter les temps écologiques (pour sauvegarder le milieu); que les temps sociaux s'adaptent aux rythmes biologiques; que le temps psychologique est nécessaire à la prise de conscience de soi. Les organisations sociales, les systèmes économiques commencent à être perçus comme les sous-ensembles d'un ensemble plus vaste (la mondialisation des marchés). Chaque époque s'accompagne d'une conception particulière du temps et la façon de l'organiser diffère selon les valeurs du moment. Le temps, dans nos sociétés post-industrielles, est fait pour travailler, et travailler beaucoup. Nous sommes à l'ère de l'explosion des désirs et du «tout de suite». Ce qui peut expliquer l'accroissement du sentiment d'un manque de temps pour le travailleur ou le professionnel. À la retraite, le temps est plus élastique. Auparavant, les autres, c'est-à-dire les patrons, les superviseurs, organisaient notre temps par des horaires bien précis et des tâches à accomplir. Étant devenus maîtres de notre temps, nous avons nous-mêmes à l'organiser.

Selon Simone de Beauvoir (1972), avec la retraite, le temps se vide d'activités se succédant sans interruption au cours de la journée. La vie devient semblable à celle des poilus de la guerre de 1914-1918, décrite par Minkovski:

> La monotonie des tranchées nous faisait oublier parfois la date et le jour de la semaine [...]. Nous succombions sous la longueur et la monotonie des journées qui se succédaient et nous luttions contre l'ennui. L'ennui, phénomène, comme il est facile de s'en rendre compte, de nature essentiellement temporelle, qui comme une masse morte et gluante, s'infiltre dans notre être, en menaçant de le réduire à néant[3].

Pendant que plusieurs retraités se sentent débordés parce qu'ils disent avoir entrepris beaucoup de choses, peut-être trop, d'autres ne savent comment remplir leurs journées et gérer ce précieux temps qu'ils ont entre les mains. Le temps nous rend conscients de notre fragilité, d'où l'expression «la vie ne tient qu'à un fil». Le temps devient donc la valeur des valeurs. Il est à la fois une quantité et une qualité, celui qui rend tout possible. Il peut être élément de destruction de soi ou élément de création et de récréation. Que de personnes arrivées à un âge avancé dans notre siècle ont su continuer de créer et ont fait profiter la société de leurs recherches et de leur art! Si la retraite entraîne chez quelques-uns sclérose et stérilité, chez les artistes, au contraire, elle est l'occasion bienvenue d'enrichir leur œuvre, mais, hélas, il arrive que le temps leur manque pour la terminer. Leur vie a été une ascension vers une perfection de plus en plus grande dans un constant renouvellement.

Si nous avons besoin de courage pour trouver notre route à travers bien des méandres — «vingt fois sur le métier, remettez votre ouvrage» —, nous n'en sommes pas moins gratifiés quand nous avons fait l'effort de plonger, quel que soit l'atterrissage. Un bon ami vient de faire un saut en parachute à soixante-deux ans. Quel risque et quelle audace! Si nous sommes intéressés par la gestion du temps, nous devrons plonger profondément à la fois dans nos racines et dans notre avenir. Nous évoluons avec ce que la vie a fait de nous, à partir de nos expériences et nous nous projetons dans le futur avec des objectifs à réaliser. Pour bien gérer le temps, il faut aussi mettre l'accent sur le présent, sur les tâches actuelles qui doivent être accomplies ici et maintenant. Maintenant paraît être le seul point réel dans la dimension temporelle.

> Le temps libéré de l'obligation de produire prend une nouvelle connotation à la retraite. Ne nous donne-t-il pas l'occasion de devenir ce que nous sommes?
> Le regard de la foi peut replacer la perspective face au temps, faire voir le temps sous un autre angle, celui de la continuité. (Louis, retraité)

> Avec l'âge, cette conscience s'aiguise. Je sens que je me rapproche du terme, du grand départ et je le compare à mes autres départs: départ pour le collège, départ pour un autre

pays. J'ai laissé des choses pour en acquérir d'autres. Ce n'est pas une mort, mais c'est une étape, si difficile soit-elle à accepter allègrement... par moments. (Roger, retraité)

Si le temps est un cadeau, je n'en suis donc plus esclave et je peux faire le choix de le gérer sans me rendre anxieux à vouloir remplir mon agenda. Le temps libre ne serait-il pas un bien de production spirituel, à un moment où le sacré a été mis, dans bien des circonstances, presque au rancart?

Ce temps bien employé ne pourrait-il pas déboucher sur une spiritualité de la liberté et du respect de l'autre?

Ce temps qui peut paraître si merveilleux pour les plus jeunes peut être un temps de vie ou un temps de mort, selon nos valeurs et notre attitude mentale. Cet état d'esprit que nous avons à la retraite résulte d'un ensemble de conditions d'éducation et d'existence. Si nous avons vécu dans la crainte et la peur de la maladie en pensant que nous deviendrions un être diminué, il est possible que nous le devenions. Nous nous sommes programmés en ce sens. Le cerveau, qui est un excellent ordinateur, enregistre et il nous renvoie le programme que nous lui avons donné. J'ai connu un retraité qui disait souvent: «J'ai peur de me ramasser sur la paille et de perdre tout mon argent.» Je lui expliquai qu'à force de le penser et de le dire, il pourrait réaliser cette programmation, un jour. Pour progresser, il faut entretenir des images positives et laisser le passé derrière soi. Nous pouvons refuser le temps parce que nous sommes encore trop liés au passé. Nous n'acceptons pas la nouvelle image de nous-mêmes. Nous ne voulons pas que cette étape qu'il nous est donné de vivre puisse être une conquête sur notre propre être. Une conquête intérieure, une volonté de grandir et de fructifier.

Ne faut-il pas continuellement se mettre au monde?

«Se faire être» en développant, même à un âge avancé, ses aptitudes créatrices, en s'ouvrant aux autres et au futur. Nous avons besoin d'une grande foi. «La foi est fondée sur notre aptitude à vivre et à nous transformer. La foi comme l'espoir n'est pas une vision de l'avenir, c'est la vision du présent à naître.» (Erich Fromm)

Notre existence, si pleine soit-elle, ne peut être complètement comblée. Il reste toujours une part d'inaccessible. C'est dans cette conscience de l'inassouvi que nous pouvons faire face à d'autres réalités, que nous pouvons décider de nous ouvrir à Quelqu'un. Ce Quelqu'un qui est «Amour» est le moteur de nos vies. Il nous apprend à aimer. Nous n'existons à notre vrai niveau que dans l'amour. C'est dans la relation à l'autre que nous existons vraiment. Plus la relation est riche, plus il y a de présence et donc d'existence. Dans la gestion du temps, nous pouvons ressentir le besoin de nous réserver quelques bons moments pour méditer, prier, afin de nous alimenter à la Source de notre existence. C'est dans ces moments de ressourcement que nous trouvons le dynamisme pour vaincre certaines difficultés, lorsque la vie se fait plus exigeante.

Quand nous nous sentons anéantis, que nous avons l'impression que notre horizon est complètement fermé, si nous avons encore la force de crier notre besoin de croire et d'espérer, nous avons une réponse à cet état de «mal-être». «Demandez, dit Jésus, et vous recevrez.» Il s'agit de demeurer dans la pure adhésion de foi, d'espérance et d'amour à Dieu, sans rien sentir ni comprendre. Même s'il semble absent, silencieux, il est plus que jamais présent et agissant en nous pour nous conduire intérieurement vers des lendemains meilleurs. «Ne perds pas courage, ne tremble pas. Tu l'as vu: le Seigneur, ton Dieu, t'a porté comme un père porte son enfant tout au long de tes routes.» (Deutéronome 1, 31)

Pour bénéficier de ce temps qui nous est donné, il est nécessaire de nous libérer de certaines frustrations et de cette souffrance que nous avons au fond de nous-mêmes. Une retraite réussie doit pouvoir nous permettre de goûter à cette plénitude de vie et de vivre dans l'action de grâce pour tant de bienfaits reçus.

Entretenir une vision négative, défaitiste, parce que la vie ne nous donne pas ce que nous avions prévu ne peut pas apporter joie et sérénité. Beaucoup de personnes dans le monde sont heureuses, même dans la souffrance, parce qu'elles ont appris que la joie profonde, qui est un sentiment et non une émotion, vient de l'acceptation. Nous n'avons qu'à visiter les hôpitaux et les centres de soins prolongés pour rencontrer ces personnes. Nous sommes émerveillés devant tant de générosité. Ce bonheur n'est pas superficiel, il est simple, mais il garde dans l'espoir.

Les moments douloureux de la vie peuvent nous aider à apprécier davantage les moments heureux. Ne sommes-nous pas privilégiés d'être encore en vie quand tant d'autres partent de ce monde très jeunes? Savoir apprécier ce que la vie nous procure nous donne des ailes pour entreprendre, avec confiance, de nouveaux projets. Nous sommes invités, chaque jour, à devenir un peu plus ce que nous sommes. Cette perspective est en mesure de nous stimuler à bien gérer le temps qui nous reste.

Même si nous sommes conscients de notre vulnérabilité, en ce qui concerne la santé, nos amours, nos finances, si nous avons des assises solides en nous-mêmes, l'avenir ne sera pas ressenti comme une menace. S'il est vrai que nous ne pouvons compter que sur nous-mêmes, il est vrai aussi que nous sommes accompagnés. Il y a toujours quelqu'un sur notre route pour nous tendre la main et le Dieu de Jésus Christ ne nous fera jamais défaut. *La croyance idéologique ne correspond-elle pas à une tendance naturelle de l'humain?*

Nous avons besoin de penser à autre chose qu'à notre survie quotidienne. Toutes les nombreuses idéologies modernes sont nées d'un élan vital à l'intérieur des personnes et des groupes, élan qui les pousse à leurs intérêts personnels en faveur d'une fin supérieure. Mais il y a des croyances qui dépassent toutes les idéologies et contribuent grandement à notre croissance à tous les niveaux, et qui s'enracinent dans notre vécu quotidien. La foi prend racine dans nos profondeurs. Elle est gratuite et elle est le plus beau cadeau de l'existence. Elle nous aide à avoir un regard plus juste sur le monde et sur nous-mêmes. La foi nous donne un certain cadre pour avancer et c'est notre carburant dans cette marche de la vie. Foi en une force qui nous guide et foi en soi sont les deux «garde-fous» sur la route de la retraite.

Construire cette vie qui nous reste mérite toute notre attention. C'est une recherche de tous les instants, mais qui peut devenir passionnante si nous y mettons le prix. Réussir sa retraite en apprenant à gérer son temps commande certains choix, un projet de vie et des silences nécessaires pour réaliser ce projet. En découvrant les richesses qui m'habitent et mon dynamisme, je prends conscience que ma vie de retraité est une force pour la société.

~ Références ~

[1] Jean-François Le Ny, *Le conditionnement et l'apprentissage*, Éditions PUF, 1975, p. 134.

[2] Jean Pucelle, *Le temps*, Presses universitaires de France, 1955, p. 232.

[3] Simone de Beauvoir, *Tout compte fait*, Gallimard, 1972, p. 9 (prologue).

Le retraité: un puits de connaissances et d'expériences

CHAPITRE 7

LE RETRAITÉ: UNE FORCE POUR LA SOCIÉTÉ

Le retraité est une personne humaine à part entière qui tente de s'ajuster à son environnement social et qui s'inscrit à l'intérieur d'un processus de changement. La retraite est considérée tantôt comme le moment précis du retrait de la vie active, tantôt comme une période de vie dynamique en continuité et en lien avec la vie passée.

Cette période de vie, quoique différente de la précédente, convie les institutions politiques et sociales à de nouveaux défis face au nombre de plus en plus grand de retraités. Les nouveaux et anciens retraités ont acquis une expérience de vie et des expertises. Ils ont acquis des droits et peuvent représenter une force vive pour la société.

Les organismes et les institutions en présence peuvent-ils favoriser l'éclosion de ce potentiel humain?

Les retraités sont de plus en plus conscients de leur pouvoir de médiateurs entre les générations. Le rôle de la personne retraitée a beaucoup évolué depuis une cinquantaine d'années, tant dans la famille que dans la société. L'évolution de la société, en raison des progrès technologiques, a remis en question des valeurs et a bousculé beaucoup d'habitudes.

Les membres de la famille n'ont plus à produire un travail commun comme dans la société traditionnelle, mais un travail individuel. La famille s'est donc facilement disloquée, car plus rien ne retient les membres ensemble. Cette situation apporte son lot de problèmes, mais elle apporte aussi la possibilité de développer une autonomie nouvelle: celle-ci se présente comme un véritable leitmotiv pour le retraité d'aujourd'hui. Elle renferme des éléments d'épanouissement, de valorisation de soi et un besoin de s'impliquer socialement. L'autonomie du retraité apporte une solution à la charge financière de l'État, tout en favorisant le mieux-être et la créativité de chaque personne à la retraite. L'engagement social du retraité est une force pour la société. Il est quelque peu comparable au mariage: c'est une union avec un grand objectif, un idéal, un rêve, une cause que l'on désire promouvoir.

Quels sont ces engagements?

Pour quelques-uns, ce sera la protection de l'environnement, les arts, la musique; pour d'autres, la qualité de vie, l'égalité sociale, et quoi encore?...

Les différents pas dans l'engagement social

Si nous voulons nous impliquer socialement dans notre région, notre milieu, nous devons connaître ce qui se passe. L'*information* est donc le premier pas à franchir pour être au courant des vrais besoins et des causes réelles des différents problèmes. Faute d'être suffisamment informés, nous risquons de nous engager dans des actions inutiles et ainsi de gaspiller nos énergies. L'information recueillie doit être analysée à la lumière de nos valeurs et de nos conceptions de la vie. Le deuxième pas dans l'engagement social est la *passion*. Elle suppose que nous nous y mettions aussi bien avec le cœur qu'avec la tête.

Le troisième pas: *passer à l'action* en entreprenant une démarche méthodique qui repose sur une analyse réfléchie. Nous choisissons alors de façon adéquate nos stratégies pour obtenir les résultats visés. L'action bien organisée permet de vivre des succès, stimule la participation et entraîne de nouvelles personnes à s'engager. Quand nous avons pris la décision de nous impliquer dans une démarche, c'est que nous désirons apporter notre contribution pour améliorer ou changer une situation. Nous pouvons vouloir changer certaines politiques ou structures sociales. Pour bien profiter de notre action, il nous faut trouver dans notre engagement des réponses à nos besoins.

Quels sont ces besoins?

a) Continuer de développer ses compétences;
b) Utiliser ses ressources personnelles;
c) Rencontrer des gens;
d) S'identifier à un groupe;
e) S'intégrer socialement;
f) Exprimer certaines valeurs.

Les activités suscitées par l'engagement social contribuent non seulement à notre bonne forme psychologique et physique, mais aussi à notre croissance et à notre épanouissement. Plusieurs recherches ont démontré que les personnes retraitées engagées dans l'action sociale sont en meilleure santé physique et mentale que celles qui ne participent pas, parce qu'elles trouvent davantage de satisfaction à vivre. La maturité et l'expérience sont des qualités fort appréciables pour jouer un rôle actif dans la société.

L'activité accomplie avec sagesse et réalisme n'est-elle pas très rentable pour la société?

Plusieurs retraités ont encore vingt ou trente ans devant eux. Ces années précieuses peuvent être vécues de manière constructive et épanouissante grâce à notre implication dans l'évolution de la société dans laquelle nous avons pris racine.

La société, de son côté, fait face au défi de construire un nouveau modèle de valorisation sociale pour le retraité afin qu'il ne soit pas réduit au rôle de consommateur. Nous sommes des citoyens à part entière dans le corps social. Il nous faut sans doute remettre en question certains comportements et nous inventer de nouveaux modèles de société. Chaque génération a des rôles à jouer, et pour qu'une société se développe, chaque citoyen doit se sentir responsable de ce qu'il peut y apporter. Michel Philibert, de regrettée mémoire, que j'ai eu la chance de rencontrer dans un congrès en Martinique, nous donne une réponse remplie de vision quand il affirme:

> Les personnes retraitées peuvent et doivent devenir des citoyens à plein temps, consacrer ce temps disponible qui leur est concédé à s'informer, se former, à réinterpréter les événements du siècle, à se repentir des illusions et des erreurs auxquelles ils ont succombé dans leur jeunesse. Par la pertinence de leurs analyses, de leurs propositions et de leurs décisions, communiquées aux jeunes actifs, trop occupés à

survivre ou à grimper, les aînés imposeront le respect et la confiance que méritera leur sagesse. L'humanité ne peut plus considérer comme un luxe inutile la sagesse réglant le bon usage de son savoir et de son pouvoir accrus. L'âge ne confère pas la sagesse, mais on ne la trouve pas sans lui. Regardons le foisonnement des vieux autour de nous non comme un fardeau, mais comme la planche de notre salut[1].

Beaucoup de retraités qui ont eu une vie relativement active sont conscients de l'importance de continuer leur apport à la société. Le bagage d'expériences ne peut se perdre et il doit continuer de servir.

N'est-ce pas la seule façon de se sentir vivant?

Maintenir un lien avec les différentes générations est indispensable à une retraite significative. Le groupe des nombreux retraités est un groupe social où se retrouvent des générations qui n'ont pas la même histoire, le même vécu, les mêmes ressources, ni le même avenir. Ceux qui s'impliquent auprès de leurs enfants, petits-enfants et organismes communautaires atteignent un bel équilibre dans leur vie de retraités. L'interdépendance qui se crée peut contribuer au bonheur ou être un poids si l'autonomie de chacun n'est pas respectée. Il peut arriver que les désirs personnels se vivent au détriment du bien commun. Il faudra alors apprendre à conjuguer valeurs familiales et dynamique individuelle.

J'ai pu apprécier, pour ma part, la chance d'avoir une relation privilégiée avec ma grand-mère maternelle. Elle m'a marquée pour la vie. Son sens de l'appartenance était remarquable. Elle a élevé quatorze enfants et chacun devait mettre la main à la pâte. Il n'y avait pas de place pour l'individualisme. Il existait entre mes oncles et mes tantes une relation d'entraide qu'on a quelque peu perdue aujourd'hui en raison du relâchement des liens familiaux.

Les besoins des retraités

CONTINUER DE DÉVELOPPER SES COMPÉTENCES

UTILISER SES RESSOURCES PERSONNELLES

RENCONTRER DES GENS

S'IDENTIFIER À UN GROUPE

S'INTÉGRER SOCIALEMENT

EXPRIMER CERTAINES VALEURS

Le rôle des grands-parents ne serait-il pas d'aider à rééquilibrer la participation entre individus et communauté?

Il existe actuellement à Villeroy, dans la région de Montréal, «La Maison des grands-parents». Cet organisme communautaire est né d'une réflexion sur le rôle social et familial des aînés. Des aînés bénévoles s'impliquent auprès des jeunes et répondent aux besoins des familles du quartier. Les objectifs sont les suivants:

1. soutenir les aînés dans leurs actions communautaires;
2. créer des liens entre les générations afin de prévenir et de résoudre les conflits;
3. promouvoir l'entraide entre les familles et entre les générations;
4. revaloriser les aînés dans la société;
5. transmettre la connaissance du patrimoine par l'apprentissage de l'artisanat.

«La maison des aînés» à Lévis offre des ateliers, des rencontres et apporte du soutien aux aînés. C'est un lieu d'action communautaire et d'entraide. Plusieurs autres organismes au Canada et au Québec sont conscients de la richesse que les aînés peuvent apporter à la société et ont mis sur pied des projets pour exploiter cette richesse. La présence des aînés et des grands-parents fait prendre conscience aux plus jeunes des changements qui jalonnent la vie, de l'éphémère et de la durée.

Michel Loriaux, professeur à l'Université de Louvain en Belgique, fait cette réflexion:

> L'ultime défi auquel les sociétés vieillissantes sont confrontées est sans doute d'assurer une cohabitation dynamique entre toutes les générations, porteuses de leur spécificité sociale et culturelle et de leurs contradictions, en faisant en sorte que les mutations sociétales nécessaires puissent se produire dans un ordre relatif et avec un consensus suffi-

sant. Rien n'est gagné d'avance, car les antinomies sont souvent farouches et les intérêts immédiats divergents[2].

Quand nous avons expérimenté de façon positive l'influence d'un grand-parent sur notre développement et l'élaboration d'une personnalité politique et sociale, nous sommes convaincus de l'importance de son apport dans la société. Mais le passage de parent à grand-parent ne se fait pas toujours facilement dans nos sociétés. Dans certaines familles, un fossé a été créé entre les générations. Les grands-parents ne sont pas toujours acceptés dans le giron familial en raison des différences de mentalités et de certaines valeurs que les parents ont rejetées. Ces parents éloignent les enfants des grands-parents. Bien des enfants qui ne connaissent pas leurs grands-parents le regrettent en écoutant leurs petits amis leur raconter les beaux contacts qu'ils ont avec eux.

Voici le témoignage d'une dame de cinquante-quatre ans qui s'interroge sur l'absence des grands-parents:

> Nos enfants n'ont pas connu leurs grands-parents. Je trouve cela dommage. J'espère être une bonne grand-mère pour transmettre des valeurs. En même temps, ça n'aurait peut-être pas été un plus. J'ai des amis qui disaient ne pas aimer envoyer leurs enfants chez les grands-parents parce qu'ils confrontaient des aspects de leur éducation et ça créait des discussions dans la famille. Mais il me semble que ça aurait pu être un plus. Les enfants me disaient parfois, avec un brin de tristesse: «Un tel ou une telle va chez ses grands-parents en fin de semaine.» C'est au niveau de la transmission des valeurs que des grands-parents auraient pu apporter quelque chose de plus que moi. Ils auraient pu être une ressource intéressante pour les enfants et leurs interrogations qu'on a été obligé de canaliser comme parent[3].

Le sens de la vie et le sens de la mort sont indissociables. Et qui mieux que les grands-parents pourrait aider dans cette recherche de sens?

Ce vide existentiel, comment pourra-t-on le combler si ce n'est en établissant de nouvelles solidarités intergénérationnelles? Nous arrivons à un tournant critique de notre vie en société où l'entraide est devenue un facteur de survie. Nous voyons présentement certaines valeurs qui s'affrontent: d'un côté, «l'oubli de soi» que nos grands-parents ont bien connu et, d'un autre côté, le «penser à soi», poussé à l'extrême pour trouver le bonheur. Mais nous ne pouvons ignorer que la génération montante est avide de créer des liens qui durent et prend de plus en plus conscience d'une certaine gratuité dans les rapports entre générations. Les relations deviennent alors des occasions pour se comprendre soi-même et comprendre les autres.

Quel que soit son âge, toute personne est porteuse d'avenir et peut aller puiser dans ce puits d'expérience qui caractérise les aînés. Nous sommes des phares sur la route de la vie et nous pouvons donner aux plus jeunes l'espérance de demains meilleurs.

Est-ce prétentieux de penser que nos expériences, nos souvenirs, nos connaissances, peuvent être des plus utiles aux différents âges de notre société? Il faut mettre un frein à cette dévalorisation que nous pouvons ressentir en entrant dans cette étape de vie qu'est la retraite.

Nos projets et nos ambitions ne sont pas ceux de la jeunesse. Notre apparence a quelque peu changé. Nous ne pouvons rivaliser peut-être avec les valeurs que la jeunesse incarne: la fraîcheur, l'élan, l'aventure, mais nous avons gagné en modération, en prudence et sans doute en sagesse. Nous affirmons souvent: «La valeur n'attend pas le nombre des années», mais avoir de la considération pour l'âge de la retraite peut nous aider grandement à en percevoir tous les aspects positifs. Nous avons le choix entre dépenser notre énergie psychique en angoisses inutiles ou nous retrousser les manches et être convaincus que notre vie est valable et que nous pouvons encore apporter plus que nous ne sommes en mesure de le vérifier pour la société. Nous sommes des semeurs.

Dans la plupart des sociétés que nous appelons «archaïques» ou «primitives», la retraite est considérée davantage comme une *promotion* que comme une mort sociale. Dans les sociétés traditionnelles, les gens travaillaient jusqu'à leur dernier souffle. Ils n'ont pas eu cet avantage que nous avons aujourd'hui de pouvoir arrêter pour repenser la vie, l'existence et vivre à un rythme meilleur. Changeons donc notre mentalité face à la retraite et soyons convaincus d'être une force pour la société. Celle-ci aura une nouvelle perception de la retraite et il s'établira entre les générations de merveilleuses complicités. Les jeunes n'auront plus peur de vieillir et de prendre leur retraite parce qu'ils verront dans leurs aînés des êtres qui leur donnent une image positive de la vie. Nous pourrons alors en tant que retraités et aînés obtenir des politiques qui vont dans le sens d'une reconnaissance sociale et qui visent le bien et l'épanouissement de chaque individu. Il n'est pas trop idéaliste de penser qu'à l'aube du troisième millénaire, l'image du retraité et de la personne qui avance en âge sera valorisée.

L'ONU vient de déclarer 1999 l'année internationale des aînés. Différents organismes se mettent à la tâche pour célébrer cette année avec le plus de faste possible, par des activités qui mettront en relation les personnes de différents âges. L'intérêt de nos gouvernements est bien présent, puisqu'ils consacreront des milliers de dollars pour la réussite de cette année si importante pour toute la société. Les relations intergénérationnelles s'établissent au bénéfice de tous. Nous devons cesser de catégoriser les personnes par leur âge. Je travaille présentement avec des personnes qui ont quinze ans de plus que moi, d'autres qui ont vingt et trente ans de moins, et je suis sur la même longueur d'ondes qu'elles.

Les différences, n'est-ce pas nous qui les créons?

Se considérer comme une force pour la société, c'est faire fi de toutes ces différences. C'est plutôt les utiliser pour une plus riche créativité. Nous pourrons susciter des politiques qui iront dans le sens d'une croissance pour chacun.

> C'est de notre besoin d'engagement continu dans la vie que vient le «problème de l'âge» et sa mystique. Le refus de renoncer à ce besoin vital est ce qui fait refuser l'âge, rend difficile de tuer ce qui est au cœur même de la vie. Les gérontologues racontent non sans étonnement l'expérience de gens âgés de soixante-dix-sept ans qui se remettent à travailler ou se remarient après avoir perdu leur emploi ou leur conjoint(e), d'hommes et de femmes «moyens» appartenant à toutes les classes de la société qui, à un stade avancé de leur vie, manifestent cette aptitude à évoluer et à entreprendre de nouvelles activités[4].

Si nous analysons les œuvres des artistes et des poètes, nous constatons qu'avec l'avancée en âge, ils n'ont pas l'impression de découvrir le bout de leur route, mais un plus vaste horizon. L'élan n'est pas ralenti. Le ressort n'est pas brisé et l'espoir est bien présent.

Voici le témoignage d'une retraitée qui est une force pour la société:

> La retraite, désirée ou non, appréhendée ou pas, souhaitée ou crainte. Quels que soient les qualificatifs, c'est un bien ou un mal inévitable et personne ne peut y échapper. Il vaut mieux s'y préparer, l'accepter et faire en sorte qu'on la vive de la meilleure façon possible.
>
> En ce qui me concerne, ce fut une chose extrêmement facile et cela pour plusieurs raisons. Journaliste pendant trente-cinq ans, j'eus la chance d'être très libre dans mon travail, lequel consistait, au cours des vingt dernières années, soit de 1968 à 1988, à faire de la recherche et de la rédaction de textes sur l'histoire, le patrimoine, la généalogie, les archives, l'archéologie, le folklore, l'ethnologie; et ces recherches je les faisais chez moi où se trouvait ma documentation. Donc, je fréquentais peu la salle de rédaction. De plus, les consœurs et les confrères journalistes, très aimables individuellement, sont des gens qui ne communiquent pas, qui n'échangent pas, qui ne fraternisent pas, en somme, de sorte que le milieu est peu attachant, indifférent, juste poli. Le cœur n'y est pas. Je quittai mon travail sans aucun regret, ni tristesse, ni serrement de cœur. Ayant la chance d'écrire et de bénéficier d'une bonne santé, je savais que je pourrais continuer à utiliser ma vieille machine à écrire et que cela serait ma forme de bénévolat.
>
> Et c'est vraiment ainsi que les choses se sont passées. Déjà membre de plusieurs associations: la Société historique de Québec, la Société d'étude et de conférences, les Amis du Musée du Québec, la Société Saint-Vincent de Paul, etc., je fus vite happée — le mot n'est pas exagéré — par les uns et les autres. Mes prix étant très bons (!), c'est-à-dire pas un sou, je ne causais pas de problème. D'ailleurs, dès le lendemain de mon départ, je recevais une invitation concernant deux institutions que je connais et que j'aime beaucoup. En

1988, en effet, on préparait les grandes fêtes de 1989 qui devaient souligner le 350e anniversaire de l'arrivée des premières Ursulines et des premières Augustines. J'adhérai, dès lors, au comité d'organisation et ce fut un lancement royal pour la nouvelle et toute fraîche retraitée que j'étais. Je travaillai avec plusieurs personnes. La préparation et le déroulement de ces grandes fêtes s'échelonnèrent sur plusieurs mois. Ainsi, mon début de retraite me maintenait dans cette ambiance à laquelle j'étais tellement habituée. Le grand avantage d'écrire est de pouvoir rendre service sans rien exiger en retour. Aussi longtemps qu'on a la santé physique et mentale, on peut le faire, car il y a toujours des besoins de ce côté. Membre de plusieurs associations, j'ai l'habitude d'agir comme «scribe» aussi bien pour les bulletins que pour la vie courante de ces associations. Cela me fait plaisir puisqu'écrire est ma vie, la chose que j'ai toujours faite professionnellement. La retraite, pour moi donc, se vit très bien. Bien sûr, personne n'aime vieillir et voir son corps se détériorer et les malaises venir et persister. Cela est désagréable, mais puisque c'est le lot de tous les humains, il faut accepter cela et fonctionner le mieux possible. L'écriture est ma vie comme l'est la lecture, sa petite sœur. La conjugaison des deux me vaut de très belles heures. J'apprécie ma chance de vivre ma retraite dans ce qui fut, en somme, mon quotidien à l'époque de la maturité. Rencontrer des gens, faire des entrevues, revoir et reprendre les archives personnelles que je m'étais fabriquées au cours de mes années de carrière journalistique, faire des reportages sur des concerts ou des expositions. Tout cela était et continue d'être mon lot, et je dis tant mieux! Mes heures de tombée sont moins impérieuses que jadis. Le temps est beaucoup plus élastique, mais j'ai conservé ma discipline et lorsque je promets un article, je le fais et je le remets à la journée fixée. Et je répète que c'est ma forme de bénévolat, car inutile de dire que je fais cela absolument gratuitement. Écrire, lire, écouter de la belle musique, voyager, voilà ma vie de retraitée et il faut ajouter le bridge dont je suis devenue une fervente adepte. Ce jeu, fait de stratégie, d'astuce, de finesse et... de mathématique, est difficile. Tous les gériâtres s'accordent pour reconnaître que jouer au bridge ou à d'autres jeux de cartes est une excellente façon de vieillir, car il faut faire appel à son sens de l'observation, à son jugement, et quelle meilleure façon de cultiver sa mémoire qui, normalement, en prend un coup en vieillissant. Alors, mesdames et messieurs à la retraite, jouons aux cartes ou au scrabble, faisons des mots croisés ou des jeux fléchés! Si le civisme est fait d'une foule de petites choses, on peut faire la même constatation pour la retraite. Il y a toujours un côté ensoleillé à la rue, dit le proverbe chinois. Vieillir n'est pas agréable, mais son côté ensoleillé est la vie libre et indépendante, les loisirs intéressants et le farniente.

Tout en profitant de sa retraite, cette ex-journaliste continue à servir la société et elle a su, par le choix de ses activités, se créer de nouveaux lieux d'appartenance.

~ Références ~

[1] Michel Philibert, «Le statut de la personne âgée», dans *Sociologie et sociétés*, XVI, 2, 1982, p. 27.

[2] Michel Loriaux, cité par Maximilienne Levet, *Vivre après soixante ans*, Éditions Flammarion, 1995, p. 72.

[3] Jacques Grand'Maison et Solange Lefebvre, *La part des aînés*, Éditions Fides, 1994, p. 116.

[4] Betty Friedan, *La révolte du 3e âge*, Éditions Albin Michel, 1995, p. 55.

Un milieu propice à l'épanouissement

CHAPITRE 8

DE NOUVEAUX LIEUX D'APPARTENANCE

Lorsque vient le temps de la retraite, n'avons-nous pas songé à un nouveau milieu de vie?

Cette idée de s'installer dans un nouveau lieu peut nous enthousiasmer au plus haut point et permettre un nouveau départ. Cette décision peut aller de soi, mais elle peut aussi être difficile à prendre si nos racines sont très profondes dans le milieu où nous avons évolué depuis notre naissance. S'adapter à un nouveau cadre de vie exige de la flexibilité. Plusieurs habitudes de vie peuvent être changées. Certains se lancent dans le milieu des affaires, d'autres entreprennent un nouveau sport. Le fait de se trouver dans un lieu différent peut susciter diverses réactions et de nouvelles possibilités; d'aucuns revivent une étape plus ou moins stagnante. «C'est comme être jeune à nouveau, mais ce n'est pas exactement cela. On éprouve simplement un bien-être, un soulagement à ne plus nier son âge. Comme si renoncer à ces illusions, ces exigences, ces craintes et ces rêves, symbole de la jeunesse, avoir son âge, accepter de savoir qui on est donnaient la force d'accéder à ce nouveau bien[1].»

De vouloir s'installer ailleurs physiquement permet de faire les changements que nous avions envisagés depuis longtemps. S'insérer dans une nouvelle communauté peut permettre de jouer un rôle actif au sein de différents comités ou de côtoyer des gens ayant des préoccupations différentes. Si c'est à la campagne, nous aurons l'occasion de nous lancer dans le jardinage, cultiver des légumes, planter des fleurs.

Un homme de soixante-douze ans en très bonne santé et heureux se confiait: «Il y a tant de choses que j'ai envie de faire maintenant. Chaque matin, je parcours près de dix kilomètres à pied. L'après-midi, je jardine pendant des heures; j'ai perdu au moins huit kilos. Je me réveille de bonne heure en me disant que j'ai beaucoup de chance. J'ai tout ce que je désire, mais surtout, je n'ai plus peur[2]!» Quand nous savons ce que nous voulons et que nous avons bien analysé ce qui nous conviendrait le mieux, quand nous avons entrevu un «nouveau lieu», il n'y a pas de retour en arrière. Cet endroit nouveau favorise l'explosion des talents et expériences accumulés et les met au service d'un nouvel objectif à atteindre. Nous avons de plus en plus d'assurance à mesure que nous avançons en âge, et nous pouvons réaliser des projets que nous n'aurions pu faire plus jeune. Pour vraiment profiter de sa retraite, il faut accepter son âge et prendre plaisir à son accomplissement personnel. «Si jeunesse savait, si vieillesse pouvait» se trouve ici parfaitement contredit! Nous nous dévoilons plus facilement; l'approfondissement et la réflexion aidant, nous sommes plus à l'aise avec nos valeurs et n'avons pas peur de les affirmer. Il nous faut oser emprunter des sentiers encore vierges et atteindre les buts que nous nous sommes fixés.

> Celui qui dispose de la sérénité du caractère, de la diversité d'intérêts suffisants pour profiter de sa solitude est tout à fait le genre d'individu propre à attirer, séduire et rassurer les autres. Il n'a donc guère d'occasions de solitude, sauf celles qu'avec sagacité il décide de se ménager pour faire périodiquement la pleine expérience de soi-même[3].

Planifier au fur et à mesure les activités que nous voulons réaliser nous aide à nous adapter à ce nouveau lieu d'appartenance. Pour tourner une page et repartir à neuf, il faut du courage et une grande force intérieure. Le besoin de créer et d'aller au bout de nous-mêmes est toujours bien vivant, si nous l'avons toujours alimenté.

Nous avons toujours le choix de nous accrocher à nos racines ou de partir. Si nous décidons de changer de cap, nous aurons à nous créer de nouvelles appartenances, car le lieu où nous évoluons permet à la fleur que nous sommes de s'épanouir ou de se flétrir.

Pour ma part, j'ai quitté ma belle ville de Québec à vingt ans pour revenir quarante-cinq ans plus tard. J'étais séparée de ma famille, loin de chez moi, mais durant toutes ces années, j'ai créé de nouveaux liens, j'ai réalisé des projets dans d'autres pays et régions. Me créer de nouvelles racines m'est indispensable pour vivre une retraite dynamique et porteuse de vie.

Nous sommes tous amenés, chacun à notre manière, à trouver un endroit pour vivre notre retraite. Ces choix peuvent être déconcertants pour ceux qui nous entourent. Le lieu où nous choisissons de vivre exprime ce que nous sommes et fortifie nos liens vitaux. Lorsque la maladie fait son apparition au début de la retraite et que la personne complètement prisonnière de son corps, ayant perdu toute autonomie, exprime le désir de vivre dans sa maison, alors que tout laisse présager qu'elle serait mieux accompagnée en institution, doit-on s'objecter à son choix ou lui imposer une autre solution? Vivre chez soi, ou dans un lieu considéré comme son foyer, a beaucoup d'impacts dans la conservation du sentiment d'identité, car le foyer est le reflet de l'individu. Il est compréhensible que la majorité des retraités, lorsque vient la maladie, préfèrent ne pas quitter leur foyer. Si nous sommes en santé et que nous devons aider un parent malade, il est facile de penser pour lui-même s'il n'est plus lucide et de vouloir qu'il soit dans un environnement sécuritaire en l'incitant à changer d'environnement.

Mais pourra-t-il continuer à vivre dans ce nouveau milieu? Nous nous sécurisons nous-mêmes en voulant sécuriser l'autre. Des personnes à la retraite à soixante ans et plus vont décider de se faire construire la maison de leur rêve. Avec le temps, elles s'aperçoivent que posséder un château ne donne pas forcément la garantie du bonheur. Quand les illusions sont tombées, elles opèrent de nouveaux changements qui simplifient leur vie. Changer d'endroit ou de logis ne déstabilise pas quand nous l'avons choisi en toute liberté et que nous sommes assurés que nous avons pris la bonne décision.

À mesure que nous avançons dans la vie, nous avons toujours le choix de partir ou de rester, mais il y a des choix qui sont définitifs, et une décision telle que l'*entrée en institution* change toute la vie. Ce choix ne change pas seulement la vie de la personne mais celle de toute la famille. Ce changement peut créer un tel désarroi que l'équilibre de la famille est menacé aux niveaux physique, psychologique et spirituel.

Pour revenir à l'état d'équilibre que les membres possédaient avant l'impact de cet événement stressant, ils feront appel aux facteurs de compensation suivants: la perception de l'événement, le soutien situationnel et les mécanismes d'adaptation.

La perception de l'événement

La perception réaliste de l'événement par les membres de la famille leur permet de reconnaître la relation entre l'événement et le stress ressenti. Ils pourront alors identifier divers moyens afin de diminuer le stress vécu et la famille retrouvera son état d'équilibre.

Le soutien situationnel

Knapp[4] a identifié trois niveaux de ressources dans lesquels les membres du système familial peuvent retrouver des éléments de soutien:

a) LES RESSOURCES PERSONNELLES des membres de la famille. On retrouve quatre principales ressources personnelles:

   1. *La sécurité financière:* plus elle est stable, moins elle est source de stress.
   2. *Le niveau d'éducation:* plus le niveau de scolarité est élevé, plus la personne développe des habiletés cognitives qui permettent de mieux supporter les situations stressantes.
   3. *L'état de santé des membres de la famille:* la mauvaise santé d'une personne qui vit une situation stressante deviendra un amplificateur de stress.
   4. *Les caractéristiques individuelles des membres de la famille:* l'estime de soi et des autres, la confiance et la stabilité psychologique jouent un grand rôle

dans les situations qui amènent un changement important.

b) LES RESSOURCES INTERNES DE LA FAMILLE. Les diverses caractéristiques de la famille lui fournissent les éléments qui lui permettront de réagir de façon adaptée à unc situation de stress. La volonté des membres, par exemple, de sacrifier leurs propres intérêts peut permettre d'atteindre des objectifs familiaux précis. Cette capacité à faire abstraction de ses intérêts personnels découle de la présence de liens solides entre tous les membres de la famille. Le niveau de flexibilité facilitera l'adaptation à de nouveaux rôles et l'acceptation de certaines responsabilités par tous et chacun.

c) LES RESSOURCES EXTERNES DE LA FAMILLE. Parmi les ressources externes disponibles, on retrouve les groupes d'entraide, la parenté et diverses organisations présentes dans la communauté.

Les mécanismes d'adaptation

Les mécanismes d'adaptation font référence à des comportements que les membres de la famille choisissent de façon consciente ou inconsciente afin de diminuer la tension ressentie. Ces mécanismes peuvent s'exprimer par de l'agressivité, du refoulement, de l'autisme ou autre. Ils s'expriment à deux niveaux. *Au niveau psychologique*, les membres changent leur perception de l'événement stressant afin d'y faire face. *Au niveau sociologique*, il se peut que la famille utilise comme mécanisme d'adaptation la manipulation de l'environnement social. Les membres pourront faire appel à différentes sources de soutien disponibles, telles que des groupes d'entraide formés de familles qui vivent des situations similaires. Beaucoup d'inquiétudes et de préoccupations s'expriment souvent face à la maladie et aux changements qu'elle entraîne. Quoique bien entourée, la personne peut vivre une grande solitude et un isolement dans ce nouveau milieu qu'elle n'a pas choisi. Elle se sent mise hors du circuit familial et social, et souvent pour toujours. Cette réalité peut être source d'angoisse. Elle devra se découvrir une nouvelle identité. L'écoute sera un outil précieux de l'accompagnateur pour identifier les vrais besoins de la personne et de sa famille et pour désamorcer la crise si telle est la situation.

Les facteurs de compensation lors d'un événement stressant

Perception réaliste de l'événement

Soutien situationnel

Mécanismes d'adaptation

Quelques pièges seront à éviter:

- minimiser le drame qui se vit en tentant la consolation à tout prix;
- s'appliquer à l'évaluation d'un drame vécu par d'autres (en comparaison);

- nier la situation;
- traiter la situation comme si de rien n'était;
- se détourner du drame en parlant de soi, de la température, de toute autre chose, et ne permettre l'expression d'aucune émotion.

Comment l'intervenant ou l'accompagnateur peut-il établir une relation utile?

- En reconnaissant ses émotions et ses comportements;
- En identifiant ses valeurs personnelles face à la vie;
- En se situant face à la mort;
- En faisant la distinction entre valeurs, croyances, mythes et connaissances;
- En acceptant les limites de ses interventions;
- En ne croyant pas qu'il va résoudre le problème de l'autre.

La personne qui entre en institution aura besoin de toute son énergie pour convertir les forces négatives en forces positives qui l'aideront à faire face à la situation. Ce changement sera constructif s'il permet à la personne d'acquérir une plus grande autonomie et de prendre conscience qu'elle est pleinement responsable d'elle-même. Cette situation exigera de la part de l'intervenant un partenariat avec la personne et sa famille. Pour être partenaire, il faut une solidité intérieure, une maturité psychologique.

> Ma capacité de créer des relations qui facilitent la croissance de l'autre comme personne indépendante est à la mesure du développement que j'ai atteint moi-même. (Carl Rogers)

Chacun réagit selon sa personnalité aux difficultés, mais tous ont besoin de soutien pour traverser cette étape de vie. Quand la personne est déprimée ou agressive, conserver son égalité d'humeur relève quelquefois de l'héroïsme pour l'intervenant.

Tout au long de notre existence, n'avons-nous pas à satisfaire trois grands besoins?

Agir. Nous vivons dans un milieu à la fois matériel et social, nous devons agir et régler des problèmes pour assurer notre survie dans un environnement quelquefois difficile.

Avoir sa place. Nous avons besoin d'un certain espace pour exercer nos activités propres et nous épanouir. La notion de territoire est étroitement liée à celle de combativité. Toute personne doit occuper sa place pour assurer et protéger son intégrité.

Avoir un achèvement social. Une action peut être terminée, mais elle n'est achevée que quand elle atteint son but. Il s'agit donc du plein développement de nos potentialités.

Entrer en institution, abandonner la sécurité de son foyer, c'est aller à la découverte d'un nouveau lieu d'appartenance. C'est laisser derrière soi des projets, des réalisations, une façon de vivre. Ce nouveau lieu d'appartenance, qui ne répond pas nécessairement à des objectifs de départ, peut être positif si la personne reçoit l'aide nécessaire pour opérer ce virage. La personne a transformé sa nouvelle réalité en lui donnant un sens afin de vivre avec quiétude. Le soutien physique et psychologique est important, mais ce dont la personne a un immense besoin c'est l'aide spirituelle et morale pour bien vivre le détachement.

> Ce que l'homme attend en ce moment, et ce dont il mourrait de ne pas trouver dans les choses, c'est un aliment complet pour nourrir en lui la passion du «plus être». (Teilhard de Chardin)

L'œuvre de discernement spirituel exige une transformation continue, une sorte de conversion à l'essentiel, c'est-à-dire une intériorité plus grande qui favorise le détachement sous toutes ses formes. Quand la maladie survient, la personne est désarmée. Elle est face à de nouvelles limites, la sécurité qu'elle avait mise en sa force est désarçonnée. Ce grand bouleversement peut être le chemin d'une maturation spirituelle et amener la personne vers une nouvelle évolution dans sa relation avec son Dieu.

> Je vous exhorte à offrir vos personnes en hosties vivantes... Ne vous modelez pas sur le monde présent, mais que le renouvellement de votre cœur, vous fasse discerner quelle est la volonté de Dieu, ce qui est bon, ce qui lui plaît, ce qui est parfait. (Romains 12, 2)

Attacher c'est retenir, *détacher* c'est laisser tomber, *abandonner* c'est transformer la réalité en lui donnant un sens. C'est aussi quitter son être superficiel afin de pénétrer plus profondément en soi.

L'apprentissage de la vie est une tâche difficile et personne ne peut faire cette expérience à notre place. La présence à soi-même demeure primordiale pour assumer notre présence aux autres et au monde. Il est facile de nous bloquer et ce, à notre insu, lorsque nous refusons de reconnaître que même la maladie peut être une forme d'épanouissement. Quand nous butons sur une difficulté, nous devenons angoissés. Une fois dépassée, elle devient une occasion pour aller plus loin. Ce problème nous conduit au cœur même de notre anxiété et réveille en nous des mécanismes de solution qui nous aident à sortir grandis. Combien de personnes meurent dans les premières années de leur retraite?

Est-ce que la force de vivre ne réside que dans l'emploi ou la vie professionnelle?

Lorsque nous vivons privés de toute assurance intérieure, en ayant mis toute notre sécurité dans le travail sans trop savoir quelle était la justification d'un tel comportement, nous pouvons avoir un réveil brutal. C'est ici que la notion de «vide» prend tout son sens. Il y a des vides qui sont pleins quand nous avons créé un espace pour une meilleure réceptivité, mais il y a des vides à remplir quand nous n'avons tablé que sur les valeurs matérielles, de richesses, de réussites, de pouvoirs. Passer de ce monde matériel où nous sommes installés à un monde spirituel ne se fait pas automatiquement. Se relier à l'élan spirituel qui vient de Dieu est une aventure à laquelle nous sommes tous conviés. La retraite dans de nouveaux lieux d'appartenance n'est-elle pas le moment choisi pour entreprendre cette montée?

La question du sens ou du non-sens de la vie reste toujours bien présente à mesure que nous avançons. Ce sens, nous le trouverons sans doute dans un bénévolat que nous aurons choisi et qui mettra du soleil dans notre existence.

~ Références ~

[1] Betty Friedan, *La révolte du 3e âge*, Albin Michel, 1995, p. 244.

[2] *Ibid.*, p. 247.

[3] Jean-Louis Servan-Schreiber, *Le retour du courage*, Fayard, 1986, pp. 83-84.

[4] Ronald Knapp, *Beyond endurance when a child dies*, New York, Schocken Books, 1986.

Disponible pour donner et recevoir

Chapitre 9

LE CHOIX D'UN BÉNÉVOLAT

Le mot «bénévolat» est un terme assez récent, consigné depuis peu dans le dictionnaire. Il est défini comme suit: «situation d'une personne qui accomplit un travail gratuitement et sans y être obligée».

Le mot peut être nouveau, mais le geste est vieux comme la planète. La société s'est toujours occupée des pauvres, des malades, des orphelins et des prisonniers.

Toute jeune enfant, j'ai été impressionnée par la place que mes grands-parents maternels faisaient aux «quêteux» du village. Ils en avaient adopté un qui pouvait venir coucher quand bon lui semblait. Ils étaient toujours accueillants pour ceux qui venaient frapper à leur porte.

Plusieurs associations ont pris la relève et mettent leur énergie à aider les plus démunis de notre société. Songeons à tous les centres de distribution de la St-Vincent-de-Paul dans les différentes paroisses, aux comptoirs d'Emmaüs et à l'Armée du salut, etc. De nombreux bénévoles donnent leur temps et leur amour pour répondre à des besoins de plus en plus nombreux.

Nous sommes conscients que nous ne pouvons remettre aux différents gouvernements la tâche immense de remédier à tous les manques et besoins de notre société. Il a donc fallu s'organiser, redécouvrir, réinventer. Le bénévolat est la meilleure découverte du siècle et nous sommes fiers de dire que nous avons environ cinq millions de bénévoles au Canada.

Quel est le rôle du bénévole?

Le bénévole est une personne qu'on accueille avec joie parce que «bénévole» est synonyme de gratuité et de disponibilité. «La gratuité est le miracle de tout instant que seule a pu voiler la contraction sur soi de l'être, le repli d'un amour qui s'est détourné de l'autre[1].» La personne généreuse de son temps est un symbole de fraîcheur. Le malade qui a la chance d'avoir à ses côtés la présence chaleureuse d'une personne bénévole, qu'il soit à l'hôpital ou à domicile, sera réconforté par cette visite qui apaise. Par son écoute attentive, le bénévole facilite chez le malade l'expression de son vécu et, tout en conservant sa secrète altérité, ce dernier ne peut qu'être impressionné par tant de disponibilité.

Le bénévole est une bénédiction pour le personnel d'un centre de soins prolongés, d'un service de soins palliatifs ou d'un centre d'hébergement, souvent excédé par un travail exigeant. Le bénévole qui prête fraternellement son concours à la personne démunie et qui vient briser sa solitude en lui redonnant un peu de joie de vivre est un cadeau précieux. La personne bénévole a le pouvoir de dire à celui ou celle qu'elle visite: «Je suis là pour toi.» Le bénévole est aussi un soutien pour la famille qui vit des moments difficiles.

Pourquoi fait-on du bénévolat?

Une enquête menée par «l'Office stéphanais» des personnes retraitées en France posait cette question. Sur tous les retraités interrogés, quarante pour cent déclaraient dix ans de bénévolat et vinq-cinq pour cent avouaient avoir fait ce choix seulement à la retraite. La raison majoritairement évoquée était le besoin de se sentir utile. Donner et partager est l'une des motivations premières de la personne bénévole. Cette motivation se retrouve aussi chez les personnes qui aiment d'un amour authentique. La joie qui se manifeste chez celui qui entreprend le *ministère du bénévolat* provoque une double réaction: bonheur pour celui qui reçoit et bonheur pour celui qui donne. C'est dans le domaine de l'accueil, de l'animation, de l'accompagnement et de l'écoute que se situent environ soixante-cinq pour cent des interventions bénévoles. Le succès de l'approche dépend toujours de la qualité de l'amour qui s'exprime dans des actes concrets.

Le bénévole: un agent thérapeutique

Le bénévole est un agent thérapeutique dans la mesure où il acceptc la personne telle qu'elle est, avec ses valeurs et ses croyances. Le bénévole ne porte pas de jugements. Il prend grand soin de toujours vérifier ses perceptions. Il ne crée pas de dépendance chez la personne qu'il visite ou qu'il aide de quelque façon que ce soit, dans le sens qu'il ne se présente pas comme quelqu'un d'irremplaçable. La dépendance est une relation contraignante plus ou moins acceptée avec un être, un objet, un groupe ou une institution et qui relève de la satisfaction d'un besoin.

Dans son ouvrage *La dépendance*, Albert Memmi donne le témoignage suivant:

> J'ai découvert l'extraordinaire importance de la dépendance, il y a quelques années, dans un hôpital. À l'occasion d'une maladie grave, je n'eus pas le droit de quitter mon lit, ni même de bouger, ne fût-ce que pour changer de côté. C'est dans cet état d'impotence extrême que je vis à quel point on peut avoir besoin d'autrui. Pas seulement du médecin-chef, de ses internes, des infirmières de jour et de nuit, mais aussi des visiteurs. Pas seulement pour des soins thérapeutiques, mais pour un geste, une parole de réconfort... Et puis l'attente des visites de la famille et des amis. En quittant l'hôpital, j'emportai l'idée définitive que la dépendance est une donnée permanente de la vie du malade[2].

La personne bénévole a besoin d'une bonne dose d'équilibre personnel et d'une vie ressourçante pour continuer à jouir d'une bonne santé physique et mentale. Le bénévole est un miroir pour la personne avec laquelle il entre en contact. Le miroir est ce qui réfléchit, donne l'image et la met sous nos yeux.

Si nous avons tendance à imposer nos façons de voir, nous pouvons faire obstacle à la communication. La projection, en psychanalyse, est un mécanisme psychologique par lequel nous attribuons à une autre personne nos propres sentiments. Si, par exemple, nous n'acceptons pas la maladie de la personne que nous visitons et que la personne est en phase terminale, nous aurons tendance peut-être à lui faire croire qu'elle va guérir; nous projetons ainsi nos peurs face à l'éventualité du départ.

Plusieurs qualités sont requises pour un bénévolat efficace:

- la discrétion;
- la connaissance de soi et un bon équilibre émotif;
- le respect de l'autre;
- la souplesse et l'ouverture;
- l'écoute non directive;
- la gratuité et la disponibilité.

L'action bénévole est une relation d'entraide qui prend une connotation nouvelle aujourd'hui en raison de la multiplication des associations et des groupes dont l'objectif premier est «d'accompagner dans l'action». «L'entraide est une relation humaine où des personnes s'impliquent et agissent comme des êtres humains dignes de respect [...], en vue d'atteindre leurs buts sans qu'aucun ne soit investi d'une autorité ou d'une ascendance lui venant d'un appareil institutionnel ou organisationnel[3].» L'entraide n'est donc pas un simple échange de services. C'est une relation humaine qui implique toutes les dimensions de la personne (cœur, pensée, esprit). Sous l'influence d'une relation sincère et confiante, des sentiments s'expriment et des décisions se prennent. Cette relation de confiance est basée sur l'honnêteté sans laquelle il ne peut exister de relation vraie.

Selon l'auteur Jean Bédard, il y a quatre caractéristiques de la relation d'entraide:

- l'intention poursuivie dans la relation;
- la perception que les personnes ont de leur relation;
- le degré de réciprocité d'une relation;
- les rapports d'influence que chaque personne exerce sur l'autre.

Dans la relation d'entraide, la relation est réciproque,

la réciprocité supposant l'acte de donner et l'acte de recevoir. J'ai souvent entendu des bénévoles affirmer qu'ils recevaient beaucoup plus qu'ils ne donnaient, et ils en ressentaient beaucoup de joie. N'avez-vous pas déjà dit: «J'ai plus de plaisir à donner qu'à recevoir»?

En donnant, j'apporte à l'autre une part de moi-même. En recevant de l'autre, je m'enrichis et j'accepte que l'autre fasse quelque chose pour moi. Le but de toute relation d'entraide est de s'enrichir mutuellement.

Une bénévole, qui œuvre auprès des personnes en phase terminale, confiait ceci:

> Si on ne retirait pas un gain, un cadeau, en travaillant auprès des mourants, la relation serait impossible, car c'est déjà assez pénible de se confronter à cette réalité de la mort prochaine. Cette démarche ne peut être qu'un enrichissement sans lequel nous aurions de la difficulté à la poursuivre.

Les bienfaits du bénévolat

Le bénévolat contribue à la valorisation de soi. En apportant aux autres, nous nous aidons nous-mêmes. Cette aide favorise notre épanouissement personnel; elle nous permet de sortir de notre isolement, d'élargir nos perceptions et de dilater notre cœur. Nous goûtons à la joie d'être indispensable pour l'autre. Quelqu'un a déjà dit: «Si tu n'existais pas, il faudrait t'inventer.»

Vivre, n'est-ce pas être en relation?

Nous sentons le besoin d'établir des rapports d'entraide afin de semer un peu de bonheur autour de nous et de compatir aux souffrances de l'autre par notre amour et notre compréhension. La personne dont le cœur est rempli de bonté transmet ce qu'elle a elle-même reçu. Si elle se donne, ce n'est pas tant par vertu, c'est sa nature même de se donner. Son don est inconditionnel. «Nous ne cherchions rien de particulier, nous n'attendions aucun avantage de l'autre. Notre jubilation reposait sur la surprise renouvelée de constater chaque fois que nous étions importants au regard de l'autre[4].»

Voici le témoignage d'une personne qui m'est très chère et qui a bien voulu parler de sa nouvelle vie:

> La prise de la retraite est, pour moi, une nouvelle façon de vivre. Les deux années avant la décision finale de partir à la retraite furent deux années de réflexion, de doutes, d'angoisse et de calcul aussi au niveau financier et, finalement, un plongeon vers une nouvelle façon de vivre. Comme j'avais appris, l'année précédente, que je faisais de l'ostéoporose et ce, à la suite d'une fracture spontanée ou fracture de stress, je me suis dit: «Ma fille, la fracture d'une cheville, ça veut dire: ralentir.» Alors, j'ai écouté mon corps et il m'a fait prendre cette décision. J'ai présentement cinquante-huit ans. C'est donc à cinquante-sept ans que ma retraite est devenue réelle. Dans les derniers mois, j'avais hâte d'arrêter, car je me sentais très fatiguée, mais je voulais que ma retraite ait un but précis et je voulais rendre un peu aux autres tout ce que j'avais reçu de la vie.
>
> C'est dans le bénévolat que je me suis vraiment investie, dans l'accompagnement d'une compagne de travail qui perdait son autonomie graduellement et qui voulait rester chez elle. Je lui ai promis de réaliser son rêve et de rester dans son logement avec son petit chat. Plus elle perdait de l'autonomie, plus je cherchais des moyens de l'aider. Au tout début de ma retraite, je m'étais promis de sortir maman plus

souvent, mais la vie en a décidé autrement. Elle est décédée dans les trois premiers mois de ma retraite. Puis sa sœur également, deux mois après. Deux gros morceaux sont partis. Par contre, ma grande sœur que j'adore restait maintenant à Québec après quarante ans d'absence. Je n'étais pas orpheline et nous pouvions sortir ensemble et nous téléphoner à tous les jours; ce qui m'a aidée énormément, car je ne me sens pas seule. La vie continue et je me suis dit qu'il fallait que j'aide cette compagne malade en faisant son marché, en la sortant à toutes les semaines, en réglant certains problèmes financiers, en structurant un réseau de services autour d'elle afin qu'elle soit à l'aise chez elle, en la respectant — jamais je n'ai fait quelque chose sans la consulter, car elle est toujours très lucide — et également en lui faisant prendre conscience qu'elle gardait un certain pouvoir sur sa vie. Je peux dire qu'après un an et demi de retraite, je suis très heureuse dans ma nouvelle vie et que je n'ai jamais regretté le marché du travail. Je n'ai plus rien à prouver à personne, je me sens utile dans la société. J'ai encore de belles choses à accomplir: donner de la joie et beaucoup d'amour, rendre des services. Je suis toujours le seul capitaine à bord du bateau «qu'est ma vie» et, parfois, je dois me remettre en question pour ce qui est de la bonne direction, mais jamais je ne perds le nord, car la base de ma vie, c'est l'amour de ma famille et de mon prochain.

Notre don peut-il être inconditionnel s'il n'est pas désintéressé? Pour pouvoir vraiment être efficaces dans notre bénévolat, il nous faut quatre savoirs:

1. *Savoir écouter.* Lorsque nous ne sommes pas vraiment présents à autrui, que nous lui prêtons une attention distraite, en attendant impatiemment de reprendre la parole, nous n'écoutons pas. La personne ne se sent pas reçue et il sera très difficile d'établir un dialogue. Il

faut écouter entre les mots et saisir ce qui n'est pas exprimé.

2. *Savoir contredire sans vexer.* Il se peut que la personne que nous voulons aider avance des propos qui nous semblent en dehors de la vérité. Si nous l'avons bien écoutée, nous pourrons, avec délicatesse, rétablir les faits et clarifier ses énoncés.
3. *Savoir se faire écouter.* N'avons-nous pas vécu souvent cette expérience de ne pas être écoutés? Nous affirmions: «Tu ne m'écoutais pas.» Pour entrer dans un dialogue, il faut une écoute attentive des deux côtés, sans quoi il devient impossible de s'entendre.
4. *Savoir intéresser.* Nous intéressons vraiment l'autre quand nous lui permettons de s'exprimer sur son vécu. S'il veut que nous parlions de nous, il nous questionnera sur ce sujet, mais nous ne lui imposerons pas nos problèmes[5].

Quand le bénévolat est synonyme d'accompagnement, c'est le «savoir écouter» qui prime. Le sens premier du mot «écoute» c'est prêter l'oreille avec attention. Pour saisir l'autre dans sa réalité, il nous faut nous dépouiller de nos propres intérêts ou préoccupations. *Accompagner*, c'est être avec, c'est entrer en communication, en relation. Communiquer, c'est comprendre la parole de l'autre, partager ce qu'il croit, ce qu'il espère. C'est aussi dire ce que nous pensons, ce que nous sommes, ce que nous croyons. Toute vraie communication repose sur le respect et l'amour de l'autre, sur le respect et l'amour de soi-même.

Les qualités requises pour un bénévolat efficace

DISCRÉTION	CONNAISSANCE DE SOI
DISPONIBILITÉ	BON ÉQUILIBRE ÉMOTIF
GRATUITÉ	RESPECT DE L'AUTRE

ÉCOUTE NON DIRECTIVE	OUVERTURE	SOUPLESSE

Les attitudes d'une bonne communication

Pour établir une bonne communication, nous avons quatre attitudes fondamentales à développer:

- faire confiance à l'autre;
- être empathique;
- s'accepter soi-même et accepter l'autre tel qu'il est;
- être authentique.

Faire confiance

En faisant confiance à l'autre, nous lui permettons de s'exprimer librement et nous pouvons être vraiment nous-mêmes devant lui.

Être empathique

L'empathie nous permet de mettre nos sentiments au diapason de l'autre. Aller au-delà des mots pour entrer dans son monde, saisir comment il se sent intérieurement, quelle est son attitude face à la vie et ce qu'il ressent vis-à-vis de nous.

S'accepter soi-même et accepter l'autre tel qu'il est

Nous pouvons nous changer nous-mêmes si nous nous connaissons et nous acceptons, mais nous ne pouvons changer l'autre et nous n'avons pas à le faire. Nous sommes ce que nous sommes et il est ce qu'il est devant nous. Nous ne pourrons jamais être sur la même longueur d'ondes si nous nous nions et n'acceptons pas certains côtés de notre personnalité respective.

Être authentique

L'authenticité suppose que nous ayons une personnalité bien harmonisée et que nous ne feignions pas d'éprouver des sentiments que nous n'avons pas. Elle nous permet de prendre conscience du caractère unique de chaque personne et de respecter son mystère. Elle nous rend capables d'agir intuitivement sans que nous soyons uniquement guidés par des approches rationnelles. Elle est le dynamisme humain par excellence.

Les obstacles à une bonne communication

Les obstacles à la communication sont caractérisés au niveau de l'être par des rapports marqués par la *superficialité* et le *manque de droiture*. Nous avons tendance à projeter nos propres misères sur l'autre. Alors, nous devenons le centre de la conversation. L'autre n'a pas de place, nous l'envahissons. Il n'y a pas de dialogue. Si nous voulons jouer le rôle d'un soleil revitalisant, notre démarche doit être inspirée par «l'amour-don» et non par «l'amour-possession».

> Écouter l'autre vraiment, c'est-à-dire avec un amour bienveillant, ce n'est pas effleurer ses paroles avec l'oreille, comme on peut l'effleurer du regard; c'est être profondément attentif à ce qu'il nous dit; c'est être totalement présent à celui qui nous parle, c'est-à-dire détaché à ce moment-là de nos préoccupations personnelles. Nous ne pouvons pas en même temps suivre notre idée et celle de l'autre. C'est nous intéresser profondément à ce qu'il dit. C'est le faire tout simplement «exister» par le seul fait que nous l'écoutons[6].

Dans notre monde de communication rapide, rencontrer une personne qui sait écouter est un cadeau et une denrée rare et précieuse. Offrir «l'espace de son âme» à quelqu'un, c'est un risque et nous pouvons éprouver quelques difficultés à le prendre, car ce comportement a ses exigences. Il commande une grande disponibilité extérieure et une disponibilité intérieure encore plus grande. Les occasions de mettre nos talents au service de la communauté sont nombreuses et nous pouvons nous orienter vers le Centre d'action bénévole du Québec, qui est un bureau de placement pour les jeunes et les moins jeunes retraités voulant répondre à des besoins concrets. Les paroisses ainsi que les différentes institutions de notre région sont souvent à la recherche de bénévoles. Mettre à son programme un temps pour le bénévolat, c'est un excellent moyen d'être utile, dans la perspective de se réinventer un nouveau mode d'existence.

~ Références ~

[1] René Habochi, *Théophanie de la gratuité*, Éditions Anne Sigier, 1986, p. 169.

[2] Albert Memmi, *La dépendance*, Éditions Gallimard, 1976, p. 17.

[3] Jean Bédard, *La relation d'entraide*, Éditions de Mortagne, 1985, p. 27.

[4] Olivier Le Gendre, *Les masques de dieu*, Éditions Anne Sigier, 1994, p. 122.

[5] René-Yves Hervé, *Le choc de la pensée*, document inédit, pp. 35-36.

[6] Françoise Derkenne, *Le temps de la bienveillance*, Éditions Médialogue, 1987, p. 159.

Recherche constante de l'équilibre dans sa vie

Chapitre 10

UN NOUVEAU MODE D'EXISTENCE

Lorsqu'arrive la retraite, nous nous retrouvons devant ce dilemme de nous resituer face à une nouvelle étape de vie. Si l'emploi était le centre de notre vie et que nous avons mis tous «nos œufs dans le même panier», il sera beaucoup plus difficile de tourner la page et de chercher de nouveaux centres d'intérêt.

Un cadre à la retraite du réseau de la santé raconte: «Je connais deux gars qui, trois mois après leur retraite, se présentent encore tous les matins à leur travail pour ne pas briser leur routine. Ils font acte de présence et s'en vont aussitôt. Il n'est pas rare qu'ils y retournent le midi. Ces bons employés, à qui l'on a toujours dit quoi faire et quand le faire, sont devenus du jour au lendemain leur propre patron. Ils ne savent pas comment occuper leur temps[1].»

Pour nous investir dans de nouveaux projets, nous n'avons pas le choix de faire le deuil de notre vie de travail et des collègues avec lesquels nous avions créé des liens. Plusieurs retraités qui n'ont pu suivre des sessions de formation de préparation à la retraite se sentent parachutés dans une vie qu'ils n'ont pas eu le temps d'imaginer. D'autres, qui ont eu à se décider rapidement pour profiter des avantages qui leur étaient proposés, vivent un certain déséquilibre psychologique à cause de ce changement trop brusque. Ils se sentent perdus et peu enclins à faire de nouveaux projets.

> Des retraités visitent tous les jours des centres commerciaux et les concessionnaires d'automobiles parce qu'ils ne savent pas quoi faire de leur peau[2].

Les besoins que nous avons en tant que retraités sont les mêmes que nous avions dans notre vie professionnelle .

Quels sont ces besoins?

a) *Un besoin d'encadrement.* Nous avons besoin d'avoir une façon stable de percevoir et de comprendre notre environnement. Si nous perdons ce cadre sans le remplacer, nous nous retrouvons dans le désarroi et face au néant. Il nous faut donc bâtir un nouveau cadre de vie pour retrouver notre équilibre.

b) *Un besoin d'identité.* Il nous faut nous redéfinir dans notre nouveau cadre de retraité et nous enlever de l'idée que notre vie est terminée parce que nous avons quitté notre emploi. Le bagage d'expériences accumulées est une garantie de nouvelles performances pour les années à venir, même si ce n'est pas cela que nous recherchons. Nous devons continuer à nous affirmer et à démontrer autour de nous que nous existons.

c) *Un besoin d'enracinement.* Notre implication est des plus importantes au niveau de la famille et des associations ou organismes qui réclament nos services. C'est un besoin fondamental d'appartenir à quelqu'un ou à quelque chose. Accepter de faire profiter les autres de notre expérience est une grande richesse pour la société.

d) *Un besoin de rapports sociaux.* L'isolement n'est pas très rentable, surtout si nous le vivons comme une fuite lors d'une coupure avec le milieu de travail. Pour nous épanouir, nous avons besoin de contacts et d'échanges. Il faut nous créer un nouveau réseau et de nouveaux liens.

e) *Un besoin de transcendance.* Devenir meilleurs que ce que nous sommes est un leitmotiv qui empêche la sclérose de notre vie. Il nous faut un point d'ancrage pour vaincre la morosité des jours sans soleil. La satisfaction de ce besoin nous aide à aller toujours plus loin, toujours plus haut avec courage et détermination.

Nous vivons dans un système à trois dimensions: le psychologique, le mental et le spirituel. Si le corps fonctionne bien, il a un impact sur le mental et il est plus facile au niveau spirituel de trouver un sens à notre nouvelle vie. Trois types de valeurs donnent un sens à l'existence:

1. *Des valeurs créatrices.* L'accomplissement d'une tâche, l'exécution d'un projet artistique, etc.
2. *Des valeurs expérientielles.* Faire l'expérience du bien, du beau, de la vérité en aimant une personne, en recevant son amour et en nous impliquant dans un projet qui nous fait vivre.
3. *Des valeurs d'attitude.* Ces valeurs se retrouvent dans la façon dont nous vivons l'adversité et le stress. Sommes-nous portés à être défaitistes ou essayons-nous de tirer le meilleur parti de l'événement? Les témoignages suivants font foi des différentes attitudes.

Denis nous raconte ce qui suit:

Au tout début de ma retraite, j'ai vécu de nombreux conflits. Le plus difficile était de concilier le nécessaire, l'utile et l'agréable. J'avais conscience que si je me repliais sur moi-même, je ne pourrais être utile aux autres et à moi-même et si je ne suis pas utile, ma vie ne vaut rien. Je me disais le matin: «À quoi bon me lever, je n'ai rien à faire.» Je me sentais inutile. Je réalisais que je fermais les livres sur un plan de carrière. J'avais accepté de vieillir, mais c'était la première fois que je vivais avec moi-même. Ce fut un choc d'apprendre à me connaître et à m'accepter. Je me suis dit: «J'ai tous les avantages de mon côté pour développer une beauté intérieure.»

Plusieurs retraités m'ont avoué qu'ils avaient fait une dépression dans les mois qui suivirent la prise de la retraite. La dépression est une perturbation de l'équilibre bio-psycho-social de l'individu. Dans le cas de la retraite, le déracinement de son milieu de travail peut provoquer un affaiblissement du système immunitaire. On a l'impression de vivre à côté de soi, à côté de l'âme.

Plusieurs facteurs entrent en ligne de compte. Les conséquences sont:

- l'autodépréciation et la perte de motivation;
- l'apathie qui incite à déléguer ses responsabilités familiales et sociales;
- les tendances à s'isoler;
- les problèmes de communication;
- la relation de dépendance, si l'on vit avec un conjoint. Cet état de «mal-être» que traverse le retraité peut avoir un impact sur l'entourage.

Les réactions de l'entourage

- C'est une source de stress pour ceux qui nous entourent parce qu'ils se sentent impuissants à nous aider.
- La détérioration du comportement entraîne un malaise chez les enfants, le conjoint ou la personne la plus proche.
- Il peut apparaître de la frustration chez la personne qui tente de répondre aux besoins de la personne déprimée et qui a l'impression parfois d'être exploitée.
- Des échanges pénibles compliquent la communication et peuvent même provoquer une séparation de couple.

  Cet état passager de crise est un baromètre. Nous nous sommes éloignés de la source. Cette étape est une occasion qui se présente de s'orienter vers l'être intérieur, de se retrouver à l'intérieur de la sève. Nous avons à reprendre contact avec notre être profond.

  La vie continue son chemin à travers chacune de nos vies. La grande chance qui nous est donnée, c'est d'être unis à tout ce qui nous entoure: unis profondément à la nature, solidaires de l'humanité heureuse et souffrante.

Ceci se résume en une courte phrase: *donner priorité au bonheur* quelles que soient les phases difficiles que nous ayons à traverser. Le facteur temps a toujours un rôle primordial dans la maturation et le développement. Ce moment de dépression est sans nul doute l'initiateur d'un nouveau chemin.

Durant cette dépression, nous pouvons renoncer à tout parce que nous ressentons une grande impuissance. Cette passivité, nous l'avons expérimentée quelquefois lors d'un grand changement dans notre vie.

Pour ma part, j'ai vécu cet «état dépressif» pendant neuf mois lors de mon retour au Canada. Après douze ans de vie à l'extérieur du pays, ce fut un choc comparable au choc de la retraite, un déracinement. Se déraciner d'une région ou de son travail pour reprendre racine ailleurs demande une dose d'énergie incalculable qui peut nous dépasser facilement et créer angoisse et détresse. Parfois, cet état entraîne des personnes à mettre fin à leur vie.

C'est dire que le travail occupe une si grande place dans nos vies qu'il prend tout notre temps. Cette vie de travail est tellement liée à l'image de soi qu'en perdant notre statut professionnel, nous nous sentons dévalorisés et nous nous retrouvons dans une sorte de nudité de l'image de soi. Dans le premier chapitre de son ouvrage *L'âge de travailler*, Évelyne Sullerot nous donne l'origine du mot travail:

> *Travail* vient [...] du bas latin *tripalium* ou *trepalium*, instrument de torture à trois pieds (*tri/palus*) sur lequel on attachait le supplicié. Au Moyen Âge, le verbe *travailler* signifiait encore *tourmenter*, et le *travailleur* était «celui qui tourmente». Ainsi le paysan «travaillait» la terre, le boulanger «travaillait» la pâte, et la peur de l'enfer «travaillait» les esprits. [Peu à peu, le travailleur] est devenu également celui qui est tourmenté par la peine qu'il prend. La vieille doctrine du Moyen Âge, qui fondait l'ordre féodal, méprisait le travail par lequel on ne pouvait acquérir ni la noblesse ni les honneurs, bien au contraire. Le travail était alors le triste état — le moins favorisé des états, le tiers état — des plus soumis à la malédiction divine. Peu importait que certains mourussent à la peine prématurément. Aux yeux mêmes de saint Thomas, qui pourtant exécrait l'oisiveté, mère de tous les vices, la méditation représentait la plus noble des activités, et les activités de travail étaient quelque peu indignes. Le plus estimable, selon lui, était tout de même l'agricul-

ture. Les «arts mécaniques» semblaient déjà plus suspects; fabriquer, faire marcher des machines, n'est-ce pas un orgueil prométhéen dangereux? Tout en bas de l'échelle, saint Thomas plaçait le «commerce», notre actuel «secteur tertiaire», pour lequel il ne montrait que méfiance et dédain.

Les temps modernes et la Réforme vont changer tout cela, à commencer par Luther qui appela le travail «*Beruf*», c'est-à-dire à la fois *vocation et travail*. [...] de la Réforme date aussi l'idée que Dieu aime le travailleur et le bénit dans son travail, et, s'il réussit, bénit sa réussite. La vie économique se laïcise. On souhaite développer l'artisanat, le commerce, on commence à parler d'«emploi». [...]Au XVIIIe siècle, [...] les machines à tisser sont bientôt actionnées à la vapeur: ouvriers et ouvrières se concentrent alors par milliers [...] et on voit naître le prolétariat ouvrier, qui se tue littéralement à la tâche dès l'âge le plus tendre, allant directement de la fabrique au cimetière[3].

Voici en résumé la suite du chapitre d'Évelyne Sullerot sur le travail et l'âge. En 1812, la moyenne générale de la vie humaine était de vingt-cinq ans, neuf mois, douze jours. En 1827, elle est descendue à vingt et un ans, neuf mois. La mystique du travail va naître alors avec les travailleurs acharnés à conquérir leur souffle, leur dignité et leur droit de vieillir. Peu à peu, le travail devient sacré, valeur première, qui forge les êtres sociaux par excellence, les producteurs. Le travail devient le but de la vie, la dignité suprême de la personne.

En 1968, les jeunes en France exprimèrent bien haut la réaction contre le travail de la société de consommation. Le travail, c'est l'aliénation: salariat, hiérarchie, horaires obligatoires, fatigue, usure. Il faut s'affranchir si l'on ne veut pas mourir abruti. Si l'on veut vivre, si l'on veut «être», il faut tenter d'y entrer le plus tard possible, avoir des horaires plus légers, «ne plus passer sa vie au travail». Une immense victoire sur le travail semble être près d'être remportée. Les revendications d'abaissement de l'âge de la retraite et d'allégement des horaires se renforcent. La vie est ailleurs. De plus en plus, on s'interroge sur les effets des retraites trop précoces, lorsqu'elles signifient «perte de statut social», perte d'estime de soi, déstabilisation psychologique, sans activité, perte d'intérêt pour la vie.

La retraite peut-elle nous faire vieillir prématurément?

Dans les sociétés industrielles, l'important, c'est le rôle que joue le travail. L'obligation de la retraite peut susciter différentes réactions. Le repliement sur nous-mêmes peut «nous donner un coup de vieux», comme on a coutume de dire dans le langage courant. La retraite obligatoire est devenue un sujet qui oppose les groupes d'intérêts des personnes âgées aux jeunes adultes. Pour avoir le courage de quitter son statut de travailleur et de se réinventer un nouveau mode d'existence, il faut changer ses conceptions face au travail et réaliser que même s'il forme une partie du tissu de la vie, ce n'est qu'une partie de la vie. D'autres réalisations nous attendent si nous acceptons de regarder en avant. La pensée que nous devenons vieux et bons à rien parce que nous entreprenons une autre étape de vie est fonction de notre attitude mentale. La vérité est tout autre. Nous sommes les mêmes, avec le même dynamisme créateur. Nous avons peut-être considéré le retrait du travail comme une perte, mais si nous nous attardions à ce que nous avons gagné en partant, notre attitude passerait du négatif au positif et nous retrouverions le bonheur de vivre en continuant à servir. En continuant à exploiter notre potentiel, nous nous sentons revalorisés et nous sommes des références pour ceux qui nous suivent.

Une retraitée nous livre ce qu'elle a vécu lors de son retrait de la vie professionnelle:

> J'avais décidé de prendre ma retraite à soixante-cinq ans, malgré toute l'énergie que j'avais pour continuer ma vie professionnelle dans ce cadre que j'aimais. J'ai commencé à faire une démarche auprès de mon employeur un an avant le délai fixé. Cette année préparatoire à ma prise de retraite s'est vécue dans le détachement. J'ai vite constaté que cette décision modifiait profondément mon implication dans les différents projets de mon département et j'étais déjà coupée des lieux de décision parce qu'on était informé que j'allais quitter. Je devais, petit à petit, couper les amarres qui me retenaient à cette vie que je chérissais, ainsi qu'à cette équipe avec laquelle je travaillais. Il me fallait, en plus, songer à m'établir dans une autre région que j'avais quittée, il y a quarante ans. J'allais donc revenir à mes racines pour reprendre contact avec ma famille et de nombreux amis qui m'ont toujours été fidèles malgré l'éloignement. Plusieurs changements se sont opérés en même temps: changement de statut, changement de région, changement de logis, etc. En changeant ma vie, j'ai eu à me réinventer un nouveau mode d'existence, dans le milieu choisi. Pour faciliter cette adaptation, j'ai accepté, sur invitation, de m'impliquer dans différents conseils d'administration d'organismes et j'ai commencé à m'intéresser à la vie de la région au niveau culturel: concerts, théâtre, cinéma, etc. L'une de mes priorités était de gâter ma famille, afin de compenser les nombreuses années passées en dehors de la région. Les fêtes se multipliaient par des repas à la maison et ma mère, ma sœur, une tante chérie, mes neveux et nièces étaient mes invités de choix, ainsi que leurs amis. Après quelques mois, je partais pour une tournée en France de deux mois. Ce voyage m'a aidée à reprendre mon souffle et a facilité grandement cette

transition de l'année 1996. J'étais à la retraite depuis sept mois lorsqu'un événement très inattendu survint. Maman était hospitalisée d'urgence pour une pneumonie. Elle décédait neuf jours plus tard. Trois mois après, c'est au tour d'une tante aimée de nous quitter. Cette retraite que j'avais planifiée pour ce temps précis de ma vie a été en quelque sorte le fruit d'une prémonition. Je devais être à proximité de ces deux êtres chers pour les accompagner dans cette étape si difficile à vivre pour celles qui partent et ceux qui restent. Après un an de recul, je réalise que les choix que nous faisons quand ils ont été bien réfléchis sont toujours les meilleurs, et il ne faut jamais revenir en arrière et vivre avec des regrets.

Comment peut-on se réinventer un nouveau mode d'existence?

S'il est vrai que les recettes n'existent pas et que chacun a besoin d'être imaginatif et créateur selon ses possibilités, il n'en demeure pas moins que beaucoup de retraités ont décidé de continuer de s'épanouir en trouvant du bonheur dans leurs réalisations et en le semant autour d'eux.

Des conjoints à la retraite, dans la soixantaine, se sont trouvé une activité qui les implique tous les deux. Ils ont un grand jardin et, lors des récoltes, ils font des conserves qu'ils distribuent à leurs enfants et petits-enfants. Georges est un retraité de la construction et il continue à son rythme à répondre à la demande de sa famille en fabriquant des meubles tout en ne négligeant pas son jardin et ses fleurs. Nous aurions à écrire longtemps sur toutes ces personnes qui ont su canaliser leurs énergies dans des projets vivificateurs. La vie de famille est l'une des premières expériences significatives de l'individu. Elle joue un rôle déterminant dans son développement, son affectivité et son épanouissement physique, psychologique et spirituel. Elle n'est guère comparable à d'autres formes de relations humaines. Tous les membres de la famille s'influencent mutuellement. La retraite apporte des modifications dans la situation familiale. Elle peut créer un désarroi tel que l'équilibre de la famille et du couple est menacé.

Selon une étude menée par l'Université du Québec à Hull, auprès de quatre-vingt-deux hommes et cent vingt-cinq femmes, ceux qui expriment des sentiments positifs face à la retraite sont ceux qui:

a) ont des attentes réalistes face à la vie en général;
b) ne considèrent pas le travail comme central dans leur vie;
c) sont satisfaits de leur état de santé;
d) prévoient une situation confortable à la retraite;
e) sont satisfaits de leur vie de couple;
f) se perçoivent comme compétents pour faire face aux divers événements de leur vie.

La plupart des auteurs qui ont écrit sur la retraite distinguent les effets de la retraite forcée et ceux de la retraite volontaire. Ils distinguent aussi la retraite des ouvriers et celle des membres des professions libérales. D'après eux, la plupart des ouvriers prendraient volontiers leur retraite si la sécurité économique leur était assurée, alors que les membres des professions libérales ne le feraient pas. La difficulté vient de l'attitude des intellectuels qui ne trouvent de satisfaction dans la vie qu'en remplissant leurs rôles traditionnels de pourvoyeurs, d'époux et de parents.

L'enquête a aussi cerné les personnes qui ont des attitudes plus favorables à l'égard de la retraite:

- les femmes;
- les personnes qui ne prévoient pas avoir de dépendants à la retraite;
- les semi-professionnels ainsi que les personnes s'identifiant à un métier ou travaillant en tant que soutien administratif, par opposition aux administrateurs et aux gestionnaires.

Le vécu de la retraite dans le système familial

Il est évident que la retraite se vit très différemment si nous la vivons seuls ou en couple et selon le type de famille. Dans son ouvrage *L'approche thérapeutique de la famille*, Knapp (1986) nous présente deux types de famille: la famille isolée et la famille intégrée. Les deux dynamiques sont très différentes. Si nous prenons l'exemple de la retraite qui peut être considérée comme un événement stressant, tant pour le retraité que pour sa famille, le système familial peut être momentanément déstabilisé.

Comment réagira la famille isolée?

Les membres réagiront de façon individuelle. Le problème n'appartient qu'à une seule personne. En conséquence, celui qui vit le problème sera soutenu dans sa démarche de résolution de problème par les autres membres de la famille.

Comment réagira la famille intégrée?

Dans la famille intégrée, lorsqu'un des membres vit un problème, il est soutenu par l'ensemble de la famille. Le problème n'est pas considéré comme un problème individuel, mais plutôt comme une situation qui concerne la famille entière. Chaque membre est affecté par cette expérience positive ou négative. En conséquence, la famille devient plus unie. Cette difficulté devient une expérience familiale et chacun de ses membres se sent accompagné. Chaque membre possède son identité, ses caractéristiques et son propre mécanisme de fonctionnement interne et externe. Ces caractéristiques ont un impact sur la réaction des membres de la famille lors de la situation de retraite. Une vie de retraite ouverte à l'information, à des contacts multiples et à de nouvelles expériences, est moins solitaire. La diversification des activités culturelles ou sociales est un enrichissement et un plaisir. Ce n'est pas à négliger. Si nous centrons notre existence sur les valeurs de tolérance, d'amour, de bonté, d'entraide, nous vivrons des années merveilleuses malgré les obstacles et les nombreuses pertes sur notre chemin.

> Celui qui dispose de la sérénité du caractère, de la diversité d'intérêts suffisants pour profiter de sa solitude, est tout à fait le genre d'individu propre à attirer, séduire et rassurer les autres. Il n'y a donc guère d'occasion de solitude, sauf celle qu'avec sagacité, il décide de se ménager pour faire périodiquement la pleine expérience de soi-même[4].

Combien de personnes s'imaginent à tort, lorsqu'elles ont dépassé la soixantaine, qu'elles s'engagent sur le chemin du déclin, qu'il est trop tard pour se créer une belle étape de vie. D'autres, par contre, entreprennent des études et continuent d'apprendre et de se développer.

~ **Références** ~

[1] Gilbert Leduc, *Le Soleil*, 7 mars 1998, p. A-31.

[2] *Ibid.*

[3] Évelyne Sullerot, *L'âge de travailler*, Fayard, 1986, pp. 10-15.

[4] Jean-Louis Servan-Schreiber, *Le retour du courage*, Fayard, 1986, pp. 83-84.

La joie de découvrir et de s'ouvrir à de nouvelles réalités

Chapitre 11

LA CONTINUITÉ DE L'APPRENTISSAGE

Le besoin d'apprendre chez les retraités de tous âges fait partie aujourd'hui du programme de vie de chacun. Nous ne sommes plus les parents pauvres de l'éducation. Le souci de réaliser des rêves de jeunesse ou de réparer des lacunes d'une formation première incomplète, pousse de nombreuses personnes à s'inscrire à différents cours: cela va de l'apprentissage de l'informatique, des langues, de la musique, de la littérature, de la philosophie à la rédaction de son autobiographie.

Plusieurs institutions telles que collèges, cégeps, universités (formation permanente) ont favorisé ces apprentissages. Depuis la fondation de la première université du troisième âge à Toulouse en 1973 par Pierre Vellas, le succès est tel qu'en 1996, il existait mille huit cents universités de ce type dans le monde. Ces universités correspondent à un besoin profondément ressenti, car elles contribuent à prévenir les pathologies du vieillissement et favorisent une retraite réussie et épanouissante. J'ai eu la chance de faire partie du Conseil international des Universités du troisième âge de 1994 à 1998 et de constater dans les différents congrès le dynamisme des personnes impliquées dans cette formation. Ma bonne amie, Hélène Reboul, présidente de l'A.I.U.T.A. (l'Association internationale des Universités du troisième âge) de 1994 à 1998, a fondé l'Université Tous âges à l'Université Lumière de Lyon en 1975 et, en 1995, elle fêtait ses vingt ans d'existence en même temps que l'A.I.U.T.A.

Les retraités de ces différentes universités profitent de leur disponibilité pour fréquenter les bibliothèques et les lieux de rencontres et d'échanges. La personne acquiert des éléments nouveaux et peut transmettre ses acquis au cours de ses différents contacts et dans le cadre de ses engagements locaux. Plusieurs universités du troisième âge existent au Canada. L'Université de Sherbrooke a suivi de près celle de Toulouse; il y a eu ensuite l'Université Laurentienne, l'Université Laval, etc.

De nombreux centres d'éducation ont surgi ainsi que des fondations du troisième âge dans différentes régions pour répondre aux besoins d'une clientèle de plus en plus grande. L'apprentissage, quel qu'il soit, renforce la capacité de chacun à continuer de donner un sens à sa vie. À mesure que la personne se développe, elle modifie sa vision du monde et peut transmettre aux jeunes chaque nouvelle expérience. Les jeunes ont besoin de références, de «mentors», de modèles. Nous sommes ces modèles en continuant de nous intéresser à notre développement.

Je vous présente une amie, Cécile Rochefort, que j'ai eu l'occasion de connaître lors d'un congrès des universités du troisième âge en Finlande, en 1994. Cécile n'a jamais cessé de s'intéresser et de s'ouvrir au monde. Elle obtenait, à l'âge de soixante-quatorze ans, une maîtrise en littérature de l'Université Laval. Elle continue toujours d'apprendre et de se perfectionner en s'inscrivant encore à différents cours à quatre-vingt-deux ans. Elle vient de donner une conférence lors d'un colloque ayant pour titre «Pour gérer son stress, il faut savoir en rire». Sa thèse de maîtrise portait sur l'humour dans Jacques Ferron. Cécile est présentement trésorière du Centre d'Éducation supérieure du troisième âge du Québec (C.E.S.T.A.Q.) qu'elle a contribué à fonder. L'avancée en âge n'a pas été un frein pour l'apprentissage. Il est prouvé que les personnes plus âgées peuvent apprendre aussi vite et aussi bien que les plus jeunes. Le rythme peut être modifié, mais, avec un entraînement approprié, il est possible d'obtenir une augmentation sensible de la performance. Les efforts que nous mettons à faire fonctionner notre cerveau jouent un rôle déterminant dans le maintien des fonctions intellectuelles et ont d'heureux effets sur le fonctionnement global de notre personne. Le seul obstacle auquel nous pouvons nous confronter pour continuer notre développement, c'est l'image négative que nous avons de nous-mêmes et l'image que la société nous renvoie.

L'exploration doit être assez passionnante pour nous permettre de vaincre nos craintes et nous pousser à l'aventure. Le fait d'être à l'écoute de nos enfants et petits-enfants, d'être ouverts à de nouvelles idées, est une garantie de succès et de satisfaction dans notre démarche d'apprentissage. Le souci de demeurer présents aux nouvelles technologies et à l'évolution du monde actuel nous motive à avancer. La satisfaction que nous trouvons à réaliser un but est un grand stimulant. Voici ce que nous livre une retraitée qui a su relever un beau défi. Elle décide de s'inscrire, malgré les doutes qu'elle entretenait sur ses capacités, à un certificat en gérontologie dispensé par l'Université Laval. Pendant un an et demi, elle va s'astreindre à la discipline de l'étudiant au même rythme que les autres:

> J'ai réalisé que j'étais encore intelligente, que j'avais encore beaucoup de mémoire, bien plus que je ne le pensais. J'ai également réappris à discuter avec des jeunes, à connaître des expériences de vie différentes, à m'apercevoir que je fonctionnais avec une mentalité qui n'était pas la leur. Ce passage à l'université m'a redonné envie de faire quelque chose encore maintenant et tant que j'en serai capable, pour la société[1].

Les nombreuses recherches sur l'apprentissage à un âge plus avancé tendent à prouver que la capacité d'apprendre se maintient et même augmente avec l'âge. S'inscrire à un cours peut grandement favoriser le développement des potentialités et avoir des effets positifs sur ce temps précieux de la retraite. Les nombreuses universités du troisième âge (U.T.A.) démontrent bien l'intérêt qu'éprouve une multitude de personnes pour les cours offerts.

Plusieurs retraités préfèrent le mode «autodidacte». Ils veulent apprendre par eux-mêmes et réaliser des projets pour lesquels il n'existe pas de cours formels. Quelques-uns ont recours à des ressources matérielles extérieures pour la réalisation de certaines activités. Les domaines de la culture et des arts attirent de nombreux retraités qui sont conscients de l'importance de continuer à s'informer et à se développer. Le grand psychologue américain Carl Rogers était convaincu, à soixante-quinze ans, de l'importance de s'ouvrir à la culture et aux nouvelles expériences: «I have been able to open myself to new ideas, new feelings, new experiences, new risks[2].» Continuer de se développer et d'apprendre quel que soit son âge est une question de survie. Nous avons à nous remettre continuellement en question face à cette évolution rapide du monde dans lequel nous avons pris racine. Nous ne pouvons nous permettre de laisser cette vie se scléroser, car d'autres subiront les conséquences autour de nous. L'avantage que nous avons est que nous sommes dégagés du besoin de réussir et d'un désir de rendement à tout prix.

Le développement personnel ne serait-il pas devenu notre première préoccupation?

Le développement personnel est synonyme de créativité. Lors de mon séjour de neuf ans à Santiago du Chili, j'ai reçu de nombreux témoignages de personnes qui, à la suite d'une maladie grave, se sont mises à créer. Une dame hémiplégique de soixante-douze ans a accepté, pour la première fois de sa vie, de tenir un pinceau et elle s'est découvert une grande habileté. Au bout de quelques mois, elle avait plusieurs tableaux à son crédit et elle faisait une exposition de peintures qui suscitait l'admiration de son entourage. Elle donnait ainsi un sens à sa vie en partageant ses émotions par la peinture. Le regard valorisant de son entourage fut un stimulant et a suscité l'éclosion de plusieurs œuvres. Elle peignait avec tout son cœur et avec tout son corps, malgré la paralysie de son côté gauche.

> L'éducation continue comprend tout l'apprentissage acquis depuis l'enfance jusqu'au grand âge, que ce soit dans un milieu de travail, dans une salle de classe, dans un centre communautaire ou à la maison. La curiosité individuelle, les transitions de la vie ou les exigences ponctuelles peuvent toutes susciter une recherche d'apprentissage[3].

L'apprentissage, choisi librement et désiré, aide à maintenir l'autonomie et à être maître de notre avenir. Les gouvernements l'ont bien compris en établissant une politique du livre et en mettant des millions de dollars dans les bibliothèques publiques pour répondre aux besoins des communautés. McClusky classe les besoins d'apprentissage des aînés comme suit: besoins d'adaptation, d'expression, de contribution, d'influence et de transcendance.

1. *Besoins d'adaptation.* Les besoins d'adaptation sont ceux que nous devons combler pour survivre et fonctionner à l'aise dans un monde en perpétuel changement. L'importance de la presse écrite n'est pas à sous-estimer, ni celle de la radio et de la télévision qui constituent une source d'informations non négligeable. Nous bénéficions de nombreux services en matière de télédiffusion par câble. Internet est une nouvelle technologie qui s'ajoute à tous les moyens d'éducation que nous avons.

2. *Besoins d'expression.* Nous avons besoin de participer à des activités pour nous distraire et laisser libre cours à la créativité. Que ce soit des cours d'art dramatique, de création littéraire, de danse, de photographie, d'initiation musicale ou de golf, toutes ces activités améliorent notre qualité de vie.

3. *Besoins de contribution.* Plusieurs retraités sont heureux d'offrir leur contribution comme personnes-ressources selon leurs expertises. Des grands-parents aident les jeunes enfants de la communauté à faire leur devoir. Toute contribution est importante et met du soleil dans nos journées.

4. *Besoins d'influence.* Ce n'est pas parce que nous sommes à la retraite que nous avons perdu tout intérêt pour les questions de société et d'actualité. Plusieurs continuent à faire partie de groupes d'action ou de partis

politiques. Ils s'intéressent à la défense des droits des aîné(e)s en défendant leurs propres droits.

5. *Besoins de transcendance.* À mesure que nous avançons en âge, nous sommes à même de mieux comprendre le sens de la vie en étant bien conscients que nous n'avons plus de temps à perdre. Ces besoins peuvent être comblés de différentes façons: par la méditation, les cours de théologie, les activités offertes par différents organismes dans le but d'une expérience personnelle d'introspection, par le rituel qui nous convient le mieux pour exprimer notre foi, etc.[4]. Le sens de la vie est étroitement lié au plaisir que nous goûtons dans nos différents apprentissages et à la capacité de surmonter nos difficultés. Les différents projets que nous entreprenons nous procurent de l'optimisme et une raison de vivre. Je peux vous avouer, en toute modestie, qu'écrire ce douzième ouvrage sur la retraite me procure un grand plaisir et m'aide, durant ce temps de cogitation, à canaliser mes énergies et à m'éclairer sur mon vécu de retraitée. Peut-on écrire sur un sujet sans l'avoir expérimenté? Peut-être, mais plus difficilement. Nous demeurons au niveau mental, intellectuel. Nous avons toujours à vérifier ce que nous avançons quand nous traitons des problèmes humains. Les nombreux témoignages de cet ouvrage le confirment bien. Le sentiment de nous réaliser dans un projet contribue de multiples façons à notre bien-être tant physique que mental et nous fait oublier les petits malaises de l'avancée en âge. Les pratiques éducatives pour des aîné(e)s occupent une place significative aujourd'hui et elles sont si nombreuses qu'il serait difficile d'en tracer un portrait équitable. Nous risquerions, en les énumérant, d'en oublier quelques-unes.

Composantes d'évolution et de besoins d'apprentissage des aînés

BESOINS D'ADAPTATION

BESOINS D'EXPRESSION

BESOINS DE CONTRIBUTION

BESOINS D'INFLUENCE

BESOINS DE TRANSCENDANCE

Voici le récit partiel d'une expérience vécue par des aîné(e)s dans un collège du Québec:

> En novembre 1987, vingt-quatre étudiants âgés entre cinquante-cinq ans et quatre-vingts ans recevaient du Collège Marie-Victorin leur diplôme d'études collégiales. C'était la première fois au Québec qu'un groupe, uniquement constitué de personnes à la retraite, parvenait au terme d'un projet d'études à ce niveau. Le succès de ces étudiants pouvait donc servir de preuve à la viabilité d'une formule d'études adaptée à ce groupe d'âge, en même temps qu'il obligeait à remettre en question le rapport entre formation et vie professionnelle, privilégié dans les mentalités. Reconnaissant la part investie par les personnes retraitées dans le développement du programme et la réciprocité qui avait lié les forma-

teurs aux étudiants depuis le projet initial, le responsable du Centre de gérontologie soulignait, lors de la cérémonie de remise des diplômes, l'exigence et la détermination des diplômés ainsi que leur contribution à «façonner une nouvelle vision de la retraite (Dubois, 1987)[5]».

Lorsque j'ai décidé d'entreprendre une démarche doctorale à quarante-huit ans, je n'avais en tête qu'un seul objectif: parachever ma formation pour un meilleur service à la société. Mes collègues de travail furent impressionnés par ma ténacité à poursuivre mon but et l'un me disait: «Je me croyais trop vieux à quarante-cinq ans pour entreprendre une telle démarche et de te voir aller me stimule à continuer.» Je réalisai donc mon objectif à cinquante-huit ans. Mon directeur m'avait dit: «Si vous avez du plaisir à vous investir dans cette recherche, faites-le, sinon ne continuez pas.» La notion du plaisir est primordiale dans l'apprentissage. C'est bien la préoccupation des formateurs de faire des programmes qui répondent à cet aspect affectif et cognitif des aînés.

> Nous retenons donc tous les champs du savoir susceptibles d'amener les étudiants âgés à se réinvestir sur les plans corporel, affectif et cognitif. Nous privilégions le défi intellectuel et le plaisir d'apprendre pour apprendre en ce qu'ils procurent un enrichissement de la compréhension du monde. Les étudiants peuvent ainsi se transcender en dépassant le cadre de leur propre réalité[6].

Ces étudiants aînés sont une clientèle bien particulière en raison de l'expérience accumulée et de la réceptivité face aux différents savoirs. J'ai vécu cette belle aventure d'enseigner à des aînés pendant quelques années. D'un cours à l'autre, j'avais toujours hâte de les rencontrer. Je me souviens qu'un jour, au Collège de Sherbrooke, je donnais un cours de quarante-cinq heures (éducation continue) sur «l'approche de la mort». Un couple qui avait déjà suivi cette démarche avait décidé de se réinscrire. Quelle ne fut pas ma surprise en les voyant! Je croyais qu'ils s'étaient trompés de salle. En constatant mon étonnement, l'un d'eux me dit: «Nous sommes revenus pour approfondir.»

Plusieurs participants avaient à cœur, tout en apprenant, de briser leur solitude et de se créer un réseau de relations.

> Dans les salles de cours des universités du troisième âge, le chauffeur de taxi à la retraite côtoie l'ex-traductrice des Nations Unies, l'homme d'affaires, le pharmacien, le docteur en physique nucléaire ou l'infirmière à la retraite. Dans ces cours très particuliers sans examens ni travaux imposés, les étudiants ne carburent pas à la note et ne frisent pas la crise de nerfs quand arrive la fin de session[7].

Même si quelques problèmes de santé peuvent ralentir notre élan, le fait de continuer à nous intéresser à l'évolution contemporaine alimente notre dynamisme et peut-être le désir de transmettre à nos enfants, petits-enfants ou à des amis ce que nous avons vécu.

Le mot «savoir» a la même racine que le mot «saveur». Il permet de savourer les choses. Il existe une différence entre l'érudition et le savoir. L'érudition, c'est l'accumulation de connaissances. Le savoir, c'est l'expérimentation des connaissances. N'avons-nous pas plus appris en expérimentant qu'en lisant ou en nous livrant à toute autre forme d'apprentissage? Nos grands-parents et nos parents nous ont transmis des savoirs en raison des riches expériences accumulées au fil des années. J'ai été très marquée par ma propre grand-mère qui était une grande éducatrice. Elle était une vraie pédagogue sur les différents aspects de la vie.

Elle m'asseyait sur ses genoux et me racontait des histoires extraordinaires dont je me souviens encore aujourd'hui. Elle ne les lisait pas. Elle les racontait avec ses mots à elle. Elle m'obligeait à réfléchir en m'identifiant aux personnages, en insistant sur les bonnes ou mauvaises conséquences de mes actes. C'était une vraie pédagogie de formation morale.

En tant que retraités, ne sommes-nous pas à notre tour des transmetteurs de savoirs?

Transmettre, selon le dictionnaire, c'est faire passer, déléguer, léguer, communiquer, conduire, propager. C'est un verbe d'action. Pour qu'il y ait transmission, il faut être deux et être disponible à recevoir pour, par la suite, pouvoir intégrer ce savoir et l'adapter à notre réalité propre. Les contes de ma grand-mère m'apprenaient beaucoup sur la vie. Dans le déroulement des situations, j'apprenais à affronter les difficultés et à en rire. Quel apprentissage!

Que de données de toutes sortes n'avons-nous pas recueillies depuis notre tendre enfance!

La retraite favorise cet appétit de connaître puisque nous disposons de notre emploi du temps.

> La connaissance est le moyen le plus sûr de pénétrer jusqu'au fond des choses, de les saisir et de les posséder. Elle constitue l'un des sommets de notre existence. (Karl Rahner)

Quand nous pénétrons jusqu'au fond des choses, nous nous approfondissons dans notre vie et nos priorités s'orientent davantage sur «l'être» que sur «l'avoir».

~ Références ~

[1] Extrait d'un article d'Éric Etter, dans *La vie continue*, avril 1991, p. 59.

[2] Carl Rogers, «Growing Old — or Older and Growing», *Journal of Psychology*, vol. 20, 1980, p. 16.

[3] J.E. Thornton, «Life Span Learning and Education», dans D. A. Peterson, Thornton, J.E. et Birren, J.E., (eds) *Education and aging*, Englewood Cliffs, N.J. Prentice — Hall, 1986.

[4] «La position du Conseil Consultatif national sur le Troisième âge», Canada, 1990, pp. 6-8.

[5] Adèle Chené et Marie-Josée Fleury, «Les études collégiales après cinquante ans, une expérience québécoise», *Le Gérontophile*, vol. 14, n° 3, été 1992, pp. 13-14.

[6] M.-J. Fleury, «Intervention éducative en milieu collégial auprès d'adultes de plus de 50 ans», Rapport, Centre de gérontologie, Collège Marie-Victorin, 1990, p. 13.

[7] Louise Leduc, «L'Université du troisième âge», *Le Devoir*, 31 mars 1998, cahier B.

Un regard vers Celui qui est tout Amour
et notre seule Espérance

CHAPITRE 12

ÊTRE PLUS QU'AVOIR

La retraite nous achemine sur la route de l'intégration. C'est le moment tout choisi pour faire le point sur les expériences passées qui nous ont préparés à vivre le présent et les années qui viendront. Nous sommes invités à investir plus dans l'être que dans l'avoir, c'est-à-dire dans notre transformation intérieure. Notre culture occidentale a beaucoup mis l'accent sur l'avoir. L'appât du gain est devenu si important qu'une personne bien nantie est considérée de tous les organismes en place. Nous n'avons qu'à observer l'accueil qui est réservé aux millionnaires dans certains casinos. Ils sont congratulés, on leur offre maints présents et on leur prépare une chambre royale. L'argent les a transformés aux yeux de la société.

L'avoir est devenu la priorité à tel point qu'une personne qui ne possède rien n'est rien. Dans les sociétés post-industrielles, la priorité c'est le profit; tout est déterminé selon les lois du gain. Nous touchons, dans l'avoir et l'être, le problème fondamental de l'existence.

Dans son ouvrage *Avoir ou être?* Erich Fromm affirme que les données anthropologiques et psychanalytiques tendent à démontrer qu' «avoir» et «être» sont deux modes fondamentaux d'expérience dont les forces respectives déterminent les différences de caractère chez les individus et les différents types de caractères sociaux. C'est de cet auteur que je me suis inspirée pour définir les deux modes d'existence «avoir» et «être» dans ce dernier chapitre[1].

Quelle est la différence entre ces deux concepts?

Le concept de «l'avoir» est davantage centré sur les choses et sur la possession de biens matériels. Le concept de «l'être» se réfère aux personnes et désigne, au niveau psychologique, le réel, le renouveau, la production, la créativité. Il rejaillit en lui-même et en dehors. L'avoir se limite à soi. Il est une fonction normale de l'existence, car nous avons besoin de certaines choses pour vivre et il est juste que nous en retirions du plaisir. «Avoir» apparaît comme un concept très simple, mais «être» est beaucoup plus complexe et difficile, il est indicateur d'identité. Dans toutes les langues, «être» signifie «avoir l'existence», mais en langue sanscrite «être» est plus que l'énoncé d'une identité, il se rapporte à «l'essence» de la personne ou de la chose et non à son apparence. Dans la notion «avoir», ma relation au monde est à base de possession matérielle. Dans la notion d'existence, une forme d'«être» est en opposition avec «avoir», l'autre forme est en opposition avec «paraître» et se rapporte à la réalité authentique d'une personne ou d'une chose contrairement aux apparences qui sont souvent trompeuses. Ce sont deux modes fondamentaux d'existence, deux types différents d'orientation vers soi-même et le monde, deux sortes de structure de personnalité distinctes qui déterminent la pensée, les sentiments et les actions de l'individu.

Toute activité authentique doit dépasser le mode «avoir» pour une activité intérieure faite de dépassement de toutes les formes d'avidité et de limitation du moi. Notre «moi» est l'objet le plus important de notre sentiment de propriété; il comprend notre nom, notre corps, notre statut social, nos possessions matérielles et intellectuelles.

Certains grands maîtres de l'Orient enseignent que, pour atteindre le plus grand développement personnel qui soit, il importe de perdre cette avidité de vouloir posséder toujours plus.

Jésus, le Divin Enseignant, disait: «Que sert donc à l'homme de gagner le monde entier, s'il se perd ou se ruine lui-même.» (Luc 9, 25)

Les philosophes du monde entier ont tenté d'analyser ce concept d'«être». Ils se sont butés à deux sortes d'individualisme: un individualisme positif qui suppose la libération des chaînes sociales et un individualisme négatif qui signifie la propriété de soi, le droit et le devoir d'investir son énergie dans sa propre réussite, très souvent au détriment de l'entourage.

La propriété et le profit sont devenus des valeurs prépondérantes dans nos sociétés et le mode «avoir» est considéré comme le plus naturel et le plus acceptable. La consommation peut soulager l'angoisse, car ce que j'acquiers m'appartient, mais consommer toujours davantage perd bien vite son caractère satisfaisant et peut devenir obsessionnel.

Bouddha, l'Éveillé, invite les gens à se libérer de l'illusion de vouloir posséder toujours davantage pour être heureux. Les prophètes hébreux insistent sur l'urgence de laisser les idoles et de se convertir aux vraies Réalités.

Lorsque les personnes sont converties en objets, leurs interrelations prennent les caractères de la priorité. «Seuls les hommes à vision planétaire et au cœur universel seront des instruments valables pour le miracle d'être violents comme les prophètes, vrais comme le Christ révolutionnaire, comme l'Évangile, mais sans blesser l'amour.» (André Maurois)

L'attachement est une réaction humaine qui comporte deux aspects: l'un positif et l'autre négatif. Le côté positif de l'attachement au niveau physique, émotionnel et spirituel est de créer des liens. Ces liens sont les échanges d'énergie avec les objets de notre attachement qui sont une source de signes de reconnaissance contribuant à notre équilibre. Prenons comme exemple notre travail: il est normal que nous nous attachions à ce que nous faisons quand nous avons du plaisir à le réaliser. Il en est de même de tout autre attachement. Tous les stimulus que nous recevons nous permettent de prendre conscience de notre existence.

Le côté négatif de l'attachement serait de ne pas accepter de se détacher soit d'un travail que l'on aime ou d'une personne quand la vie nous demande de tourner la page. L'occasion de la retraite exige de nous cette rupture de liens. Persister à vivre dans le passé c'est se paralyser et se rendre la vie insupportable.

Nous avons tous à vivre des pertes au cours de notre existence. Quelqu'un peut-il dire: «Toute déception m'a été épargnée et je n'ai jamais été désillusionné dans mes projets et dans mes amours»? Si plusieurs personnes à la retraite ont de la difficulté à partir, d'autres apprécient ce qu'elles vivent. Je demandais à une dame ce que la retraite lui apportait et elle me répondit: «Le sentiment du devoir accompli, et du temps utilisé au maximum. Elle m'apporte un sentiment de plénitude, un bonheur, celui de m'arrêter pour écouter l'autre.»

Michel-Ange se reprochait à la fin de sa vie d'avoir fait de son art une idole. Voici ce qu'il écrivait: «Tout est vanité, y compris la sculpture et la peinture; choses incapables de contenter pleinement une âme, une fois qu'elle est éprise de l'amour divin. Tout est vain, tout excepté le bonheur d'aimer Dieu et l'honneur de le servir.» Il achevait à quatre-vingt-neuf ans le plan de la maquette de la coupole de St-Pierre.

Le verbe «aimer» a différentes significations selon qu'il est exprimé sur le mode avoir ou sur le mode être. Selon le mode avoir, l'amour serait un objet que l'on possède et cela n'existe pas; seul existe «l'acte d'aimer», qui est un acte créateur. Il signifie donner vie, et il accroît l'intensité de son existence.

> Quand «l'amour» est expérimenté selon le mode «avoir», nous le limitons, nous l'étouffons, nous l'emprisonnons. Nous employons le verbe «aimer» pour une personne, un paysage, une peinture, un livre, mais connaissons-nous vraiment sa signification[2]?

Nous arrive-t-il de vivre l'illusion d'aimer?

Il peut arriver que nous vivions l'illusion d'aimer pour cacher une réalité qu'il nous serait difficile d'accepter. Plusieurs personnes qui se sont aimées sur le mode «avoir» assistent à la mort de leur amour. Au début de leur vie conjugale, elles ont mis leurs biens en commun et peu à peu le mariage s'est transformé en copropriété amicale où deux égoïsmes vivent ensemble et ont des enfants. L'amour n'étant pas l'expression de leur être, les conjoints désirent chacun de leur côté un nouveau partenaire pour essayer de faire revivre l'amour des premiers jours de leur union qui, en fait, n'a jamais existé. La structure possessive de «l'avoir» conduit à l'échec de nombreuses unions. Avez-vous déjà entendu, à la sortie d'un mariage, cette phrase de la part du nouveau marié: «Si ça ne marche pas, on divorcera»? Quand on prévient déjà la désillusion d'un amour, c'est peut-être qu'inconsciemment on s'avoue incapable d'aimer. Si aimer est une activité productrice et créatrice, nous ne pouvons que prendre nos responsabilités quand nous aimons vraiment.

Aimer, c'est être en relation, c'est le secret de notre survie. Nous passons notre existence à créer des liens et c'est lorsque qu'ils nous manquent que nous prenons conscience de notre besoin désespéré de l'autre. Un retraité qui venait de vivre une séparation était en recherche d'une nouvelle partenaire; un ami lui disait: «Prends le temps de vivre cette séparation, ne t'engage pas immédiatement avec une autre personne», et lui de répondre: «Je ne peux vivre seul.» En un mot, il voulait quelqu'un pour combler un vide.

Une relation qui est vécue selon le mode avoir ne dure que «le temps que vivent les roses», disait Ronsard, «l'espace d'un matin».

L'art de vivre une relation relève davantage de l'être que de l'avoir. Il est essentiel de comprendre le rôle que nous jouons dans le dénouement heureux ou malheureux d'une relation. L'illusion d'aimer ne peut amener que souffrance et déception.

> La tendresse survient lorsque deux personnes aspirant comme il est normal à surmonter l'isolement et la séparation qui est l'héritage de l'être humain, peuvent s'engager dans une relation qui n'est pas la réunion de deux solitudes, mais bien une véritable union[3].

Si l'amour est en relation avec le désir et la volonté, il en est autrement lorsqu'il s'agit de «l'acte de connaître», c'est-à-dire de pénétrer jusqu'au fond des choses.

Quelles sont les motivations profondes qui nous poussent à agir?

Si nous nous sentons vraiment impliqués dans une relation, nous aurons de la considération pour l'autre. Nous n'aurons pas peur de dire notre appréciation. Nous ne calculerons pas nos actes de générosité ni nos gestes de tendresse.

Vivre une relation durable sur le mode de l'être, c'est voir les côtés positifs de notre partenaire et être heureux de ce qu'il représente pour nous. Pour recevoir de la chaleur de l'autre, il faut en donner. Trop attendre de l'autre finit par tuer la relation, nous laisse avec une amère déception. C'est pourquoi nous nous plaignons si souvent des autres et les blâmons au lieu de réviser nos comportements et de prendre conscience des changements que nous avons à opérer en nous. Toute relation sur le mode de l'être respecte l'intégrité de la personne et ne désire que son bonheur.

Si nous lisons l'Ancien Testament, nous constaterons que les modes avoir et être sont vécus dans l'histoire des tribus hébraïques. L'Éternel demande à Abraham de quitter son pays et sa communauté: «Va-t'en de ton pays, de ta patrie et de la maison de ton père, dans le pays que je te montrerai.» (Genèse 12, 1) Abraham doit quitter tous ses avoirs pour aller vers un lieu inconnu. Moïse, de son côté, est chargé par Dieu de libérer son peuple et de le conduire hors du pays dans le désert. Ce n'est pas sans regret que les Hébreux doivent tout quitter pour suivre leur chef. Le désert est le domaine des nomades; ils ne possèdent que les choses indispensables. La vie dans le désert est sans entrave, sans possession. Plusieurs des fêtes juives ont un rapport avec le désert: par exemple, le pain sans levain est le pain des vagabonds. Le *suka* (tabernacle) est la demeure du nomade, l'équivalent de la tente qui se dresse et se démonte facilement. C'est, selon le Talmud, la demeure éphémère, opposée à la demeure fixe que l'on possède.

Tous les matins, les Israélites ramassaient dans le désert ce qu'il fallait pour leur nourriture. En liaison avec la cueillette de nourriture est institué le concept du sabbat (*Shabbat*). Moïse dit aux Hébreux de ramasser le vendredi le double de la nourriture habituelle: «Pendant six jours vous en ramasserez; mais le septième jour, qui est le sabbat, il n'y en aura point.» (Exode 16, 26) Le sabbat est un jour de joie, c'est le jour où la propriété et l'argent de même que le deuil et la tristesse sont tabous.

Les prophètes hébreux ont ranimé la vision de la liberté humaine (ne pas être esclaves des choses). Ils étaient intransigeants, mais ils soutenaient la foi des juifs par la vision messianique qui promettait la paix et l'abondance sans être obligé de quitter ses terres.

Le Nouveau Testament vient renforcer l'idée de la «non-possession». Les premiers chrétiens blâment les riches et les puissants en dénonçant la richesse et le pouvoir en tant que maux absolus. Ils mettent leurs biens en commun et partagent ce qu'ils possèdent. Ils vivent la solidarité humaine et l'éthique de l'être dans leurs relations aux autres et aux objets. Il n'y a pas de place pour l'égoïsme et la complaisance. La communauté est constamment mise en garde contre l'accumulation des richesses: «Ne vous amassez pas des trésors sur la terre, où la teigne et la rouille détruisent, et où les voleurs percent et dérobent; mais amassez-vous des trésors dans le ciel, où la teigne et la rouille ne détruisent point et où les voleurs ne percent ni ne dérobent. Car là où est ton trésor, là aussi sera ton cœur.» (Matthieu 6, 19-21; Luc 12, 33) Bouddha mettait en garde ses disciples contre la cupidité, l'appétit des biens matériels et de son propre moi. Il rappelait que cet esprit de possession était la cause de bien des souffrances.

Jésus disait: «Heureux vous qui êtes pauvres, car le royaume de Dieu est à vous!» (Luc 6, 20; Matthieu 5, 3)

La vie spirituelle a pour objet la perfection de l'être humain. Ce n'est pas une voie de facilité, mais c'est la seule qui peut vraiment nous combler. Toutefois, il y a différentes façons de cheminer. Il arrive souvent que ce ne soit pas la voie que nous aurions choisie, quand survient la maladie.

Voici le témoignage percutant d'une belle personne qui vit une retraite difficile, en raison d'une sclérose en plaques qui atteint ses systèmes physique et neurologique. Elle vit cette perte d'autonomie dans sa maison, accompagnée de son époux qui est une aide précieuse pour elle. Mais il n'en demeure pas moins qu'elle est très consciente de l'évolution de la maladie. Elle me disait: «Ma vie est terminée.»

Vivre cette dépendance à cinquante-quatre ans, alors qu'elle avait une vie professionnelle féconde, qu'elle était reconnue pour son travail en gérontologie et que l'avenir était des plus prometteurs, quel détachement!

La perte de tous ses avoirs l'oblige, ainsi que son époux, à trouver de nouvelles significations. Elle accepte de décrire son vécu avec la motivation qu'il pourrait peut-être aider d'autres personnes.

Bon, voilà, je fais un témoignage sur ce que je vis depuis quelque temps avec la déclaration d'une sclérose en plaques. Je dis bien déclaration parce que le diagnostic n'est pas facile à établir. La lecture des images obtenues par la résonance magnétique a surpris les neurologues par rapport à leurs examens cliniques. Les symptômes semblent plus légers que l'atteinte des neurones. En termes plus ordinaires, les traces observables dans mon cerveau devaient normalement correspondre à des contraintes ou des incapacités plus «sévères». Déjà là, il y a place à un discours incertain et à une vision troublante d'une réalité qui m'échappe. Je sais que cette sclérose s'est confirmée, mais elle n'a pas encore droit à une réalité pour moi. J'ai dit au médecin qu'il semblait y avoir comme un complot contre moi quand il s'est avéré préférable de ne plus conduire une auto parce que tout semble indiquer que la maladie affecte mon champ visuel. Parler de complot n'a pas de sens quand je pense aux accrochages pour garer la voiture. C'est comme si des changements subits dans le quotidien appartenaient à la sphère du complot contre moi, contre ce que j'ai toujours pu faire, contre ce que je crois avoir toujours été capable de faire. Dans un premier temps, j'avais le sentiment que je m'étais enfoncée dans un rêve. Tous les matins, je me levais avec l'idée que j'allais, ce matin-là, sortir de ce mauvais rêve, que j'allais pouvoir résister au complot mené par les médecins, mon mari... Voilà que je quitte la chambre en titubant, que j'ai bien de la misère à lire le journal. Du rêve, je me sens lestée dans la masse d'un corps qui ne répond plus comme avant, d'un corps qui entre toujours dans un brouillard: il hésite à bouger, il ne parvient pas toujours à contrôler sa lancée. C'est comme si je ne marchais plus, mais que je devais plutôt me battre pour avancer avec lui, pour garder l'équilibre et mesurer les mouvements. Aujourd'hui adulte, je me vois parfois comme la petite fille qui devait chercher son pas, qui se battait pour appartenir au monde des bipèdes. Je me rappelle très bien l'instant d'hésitation que je vécus devant quelques marches d'un escalier. Constatant mon regard figé sur ces marches, mon mari me demanda ce que je faisais là. Je lui répondis spontanément que je négociais avec les marches. La grande différence est bien le fait cruel que la petite fille négociait devant les mêmes marches pour devenir grande et que moi, à ce moment-là, je négociais avec une hésitation, toute nouvelle pour moi, voire inimaginable quelques mois plus tôt. Je négociais avec le sentiment lourd de me voir limitée, d'avoir besoin d'une main, d'un bras pour marcher et descendre l'escalier. Cela me donne parfois le sentiment amer que ma vie est finie. Le fait d'avoir besoin d'aide est humiliant; c'est dans l'ordre des choses, mais c'est trop tôt. Je n'étais pas prête. On dirait que tout devient négociable avec soi-même. Il me faut trouver de nouveaux rôles. Je pense à ce que je vis, à ce que cela signifie de vivre une perte d'autonomie. Ainsi, par exemple, j'ai tendance à regarder souvent mon agenda, car j'oublie trop. Mais l'agenda me fait jouer étrangement avec le temps. Dans la vie que d'autres qualifieraient d'active, j'avais de grands agendas pour y inscrire tant de rendez-vous, tant de choses à faire. Maintenant, je m'y accroche avec un grand sérieux pour marquer quelques dates, quelques sorties sur des semaines qui restent blanches. C'est ma façon d'occulter un vide d'activités intéressantes. C'est ma façon de continuer à tracer le temps. J'ai l'impression d'avoir «volé» très haut auparavant et je me croyais capable de faire beaucoup de choses. Maintenant, je me rends compte que ma réalité est tout autre. À la lecture de tests en psychologie expérimentale, la neuropsychologue me disait gentiment que j'avais de la chance de venir de loin. Cela voulait dire que j'avais la chance d'avoir quelques bons neurones qui pouvaient encore compenser des «pertes» ou des zones cérébrales fragilisées. C'était tout dire. C'était dire que je finirais bien par vivre avec les mêmes neurones que beaucoup de gens. Je me dis que maintenant je dois apprendre à «voler» comme tout le monde. C'est un apprentissage à faire, et difficile à faire. Mais il faut le faire. Cela procure un sentiment d'injustice et, en même temps, je peux mieux comprendre ce que d'autres vivent. Avant, j'étais consciente des limites et j'osais même en parler. Mais ce n'est pas la même chose quand il s'agit de les vivre soi-même au point de ne plus oser en parler. Non, ce n'est pas du tout la même chose de devoir «vivre avec». Devoir le vivre, c'est tellement autre chose. Avant, j'y pensais comme une idée; maintenant, ce n'est plus une idée pour moi. Je dois la vivre comme une contrainte qui se fait de moins en moins négociable parce qu'elle s'impose sans retour. Ainsi, pour parler de ce qui pourrait paraître bien trivial à quelqu'un qui vit normalement, je suis très préoccupée par des difficultés d'incontinence que je vis par moments. Je me demande pourquoi cela m'arrive à moi... Quand je sors, je dois me protéger dans le cas de perte d'urine. C'est une préoccupation constante. C'est très gênant quand on perd le contrôle de soi et qu'on ne peut plus se protéger en cas de perte. Avant, je ne pouvais pas penser au poids de ce sentiment. Oui, bien sûr, je n'ignorais pas cette question dans mon travail de gérontologue, mais c'est une tout autre affaire que de devoir le vivre soi-même. Par exemple, la semaine dernière, je devais me rendre à Montréal pour participer à une réunion d'un comité qui se penche sur les handicaps. Je devais être conduite en automobile. Mais, la veille au soir, j'avais dû sortir d'une salle de cinéma. Eh bien, j'ai renoncé au voyage en automobile parce que je craignais un «accident» ou de me voir obligée de demander de trop nombreux arrêts... Et pourtant, j'avais toujours vécu un voyage en automobile comme une activité bien ordinaire. C'est beau de se faire dire qu'il faut rester active. C'est encore plus beau de rester disposée à l'être. Mais cela devient une aventure, voire un déplaisir, quand il faut affronter une contrainte dictée par une défaillance biologique qui s'impose sans sursis ni compromis. Mon corps se fait autre pour s'imposer sans merci ni marge de manœuvre. Il me fait sentir que je n'ai plus aucun droit à ma référence, à me fixer la norme. J'avais pensé commencer ma réflexion par l'incontinence et je me suis dit que cela n'avait pas d'allure. C'est vrai que ce n'était pas de bon ton. Et voilà que l'image produite prime sur mon quotidien que je voudrais refuser. Je me censure. Oui, c'est bien vrai que la crainte de l'incontinence fait partie de mon quotidien, de mon chez-moi parce que c'est justement mon «avec-moi». Autrefois, je la normalisais, cette incontinence, pour les bébés et les jeunes enfants. Mais j'en avais une image de quelque chose qui devait passer: les enfants grandissent. Et comme gérontologue, je voyais les problèmes d'incontinence comme un chapitre peu fréquenté dans la profession: c'est une gêne que les personnes âgées entretiennent dans le secret... Voilà que cette trivialité troublante atteint mon quotidien. Le «biologique» me fait violence. Il me fait sentir que je ne suis plus aussi libre dans mes vêtements que j'ai cru l'avoir toujours été. Au plus fort des mots, il me fait sentir moins compétente, il me diminue, tout platement. Il me rend moins autonome par rapport à mon propre corps: oui, mon cerveau n'a plus le contrôle garanti. Il ne gère plus les règles du jeu. Il faut l'accepter et vivre en conséquence. On peut croire que c'est dans l'ordre des choses... Mais avant, je ne pouvais que me voir vivre dans un autre ordre des choses: celui où je cultivais l'idée que je pouvais supporter n'importe quoi parce que je vivais avec une capacité de contrôle. Comme on parle bien tant qu'on se sent libre et autonome! Autonome, cela veut dire pouvoir fixer la règle pour soi. La perte de l'autonomie, ce n'est rien d'autre que de se voir rongée à petites doses par l'«hétéronome». Je veux dire par la règle fixée par l'autre qui, petit à petit, s'affirme être un corps qu'il m'arrive de ne plus accepter comme mien, comme désir de moi... Depuis un certain temps, j'ai de la difficulté à organiser les choses, à suivre une séquence. J'ai toujours pris beaucoup de plaisir à faire de la cuisine et à préparer des desserts pour les autres. Mais voilà que lire une recette de cuisine et y aller, étape par étape, sont devenus des opérations très compliquées. Petit détail qui se fait cauchemar quand on attend la visite et que le gâteau est un beau raté qui ne finit pas. J'ai une image de ma maladie. Je pense que j'avais la vie trop facile. Comme gérontologue, je me préparais au vieillissement et à ses limitations. Et vlan! les limitations se font annonciatrices d'une angoisse avant l'âge. Je me sens déprogrammée parce que rivée à la vérité d'une maladie dite dégénérative. Moi qui m'étais faite au vieillissement standard!... Mais ce n'est pas ce que je pensais qui se passe aujourd'hui. Parfois, je me demande si tout ne se passe pas comme si j'avais un compte à régler en fin de course, comme si tout cela était bien au programme de ma vie. Je pense que Dieu est trop grand pour s'arrêter à ce genre de calcul. Je reviens aux idées de complot et d'injustice et, en même temps, je me dis que je devrais me préparer à bien plus grave. De quoi je me plains? Il y a des gens qui sont beaucoup plus à plaindre. J'ai la chance de vivre avec une famille qui me soutient et qui reste autour de moi. C'est important. (Judith Stryckman)

Je dois vous avouer que le témoignage de Judith m'a remuée profondément. Quelle leçon de courage il nous donne! Judith ne se replie pas sur elle-même. Elle accepte encore les activités dont elle est capable et elle est reconnaissante envers sa famille pour tout le soutien qu'elle reçoit.

Elle nous fait prendre conscience que la retraite ne se réalise pas toujours comme nous l'avions planifiée, mais qu'il ne faut jamais perdre courage. Vivre au jour le jour sans anticiper sur l'avenir avec cette recherche d'attitude positive que Judith nous reflète tout au long de son témoignage.

La réussite de la retraite n'est pas basée sur les activités que nous accomplissons, mais bien sur l'acceptation de notre situation quelle qu'elle soit, pour pouvoir l'intégrer et grandir spirituellement.

> L'automne s'avance à la hâte,
> l'automne du long jour que tu m'as donné;
> un jour, l'heure de ma sieste viendra.
> Seigneur, fais que je travaille
> jusqu'à la dernière minute comme le ruisseau.
> Laisse-moi chanter ta miséricorde et ton amour.
> Laisse-moi être joyeux.
> Et quand enfin je fermerai les yeux
> pour ne plus rêver,
> laisse le monde se remplir de ta gloire
> et de l'éclat du merveilleux parfum de Marie,
> la toute sainte, notre glorieuse Dame.
> Ne te souviens pas des ombres
> de ma vie coupable.
> Qu'il n'y ait aucune ombre quand tu viendras.
> Et si tu m'attires à toi, mon Dieu
> absorbe-moi, retiens-moi, bénis-moi[4].

Eddie Doherty

~ Références ~

[1] Erich Fromm, *Avoir ou être?*, Laffont, 1978, pp. 33-75.

[2] *Ibid.,* pp. 64-67.

[3] Rollo May, *Le désir d'être*, Éditions Epé, 1972.

[4] Texte d'Eddie Doherty tiré de: Jean-Pierre Dubois-Dumée, *Vieillir sans devenir vieux*, Desclée de Brouwer, 1991, p. 107.

CONCLUSION

Parmi les nombreux changements qui surviennent au cours d'une vie, la retraite n'est pas le moindre et crée un impact important, selon qu'elle est désirée ou subie. L'adaptation à cette nouvelle vie exige de nombreux réajustements au niveau du couple comme à celui de la famille.

Nous ne pouvons sous-estimer les deuils que la retraite fait vivre à certaines personnes ayant centré tous leurs intérêts dans le travail. Cette période de la vie provoque une réflexion tant sur nos valeurs que sur nos priorités. Elle met en lumière notre vraie personnalité et nous dénude de toute apparence trompeuse. C'est un appel à l'authenticité et à de nouvelles significations.

Nous avons à créer d'autres liens et à approfondir ceux de notre famille quelque peu négligée par un travail intense. La grande liberté dont nous jouissons apporte un nouveau dynamisme par la réalisation de certains rêves ou devient une entrave quand nous ne savons trop comment l'utiliser.

Plusieurs retraités feront de cette dernière étape une intégration de leur vie et se garderont des moments de réflexion, alors que d'autres fuiront dans un activisme effréné. Chacun vit sa retraite selon sa personnalité, sa situation, son état physique et financier. L'important est de faire en sorte qu'elle soit en continuité avec ce que nous avons vécu et, si possible, qu'elle nous amène vers la pleine réalisation de notre potentiel.

BIBLIOGRAPHIE

Bédard, Jean, *La relation d'entraide*, Montréal, Éditions de Mortagne, 1985.

Bridges, William, *Transitions*, Addison Wesley, New York, 1990.

Carette, Jean, *Manuel de gérontologie sociale*, Montréal, Gaëtan Morin, 1992.

Castañeda, Carlos, *L'herbe du diable et la petite fumée*, Paris, Éditions du Soleil noir, 1972, 272 p.

Chené, Adèle et Marie-Josée Fleury, «Les études collégiales après cinquante ans, une expérience québécoise», *Le Gérontophile*, vol. 14, n° 3, été 1992, pp. 13-14.

Chrétien, Florian, «Nous voulons tous vivre longtemps, or la seule façon de vivre longtemps, c'est de vieillir», *Frontières*, automne 1993, p. 19.

Clausen, J., «The Life Course of Individuale », in R. C. Atchley et W. W. Seltzer (eds), *The Sociology of Aging: Selected Readings*, Belmond, Wadsworth, 1961.

De Beauvoir, Simone, *Tout compte fait*, Paris, Gallimard, 1972, 633 p.

Delisle, Isabelle, *Le soir de la vie*, Montréal, Novalis, 1988.

Delisle, Isabelle, *Les grands tournants de la vie, l'adaptation au changement*, Éditions de Mortagne, 1985.

De Ravinel, Hubert, *Le défi de vieillir*, Montréal, Éditions de l'Homme, 1991.

Derkenne, Françoise, *Le temps de la bienveillance*, Médialogue, 1987, 200 p.

Dubois-Dumée, Jean-Pierre, *Vieillir sans devenir vieux*, Desclée de Brouwer, 1991.

Erikson, Erik, *Adolescence et crise: la quête de l'identité*, Paris, Flammarion, 1972, 336 p.

Fleury, M. J., «Intervention éducative en milieu collégial auprès d'adultes de plus de 50 ans», Rapport, Centre de gérontologie, Collège Marie-Victorin, 1990.

Foot, David K., *Entre le Boom et l'Écho*, Montréal, Boréal, 1996, 322 p.

Fraisse, Paul, *Psychologie du temps*, Presses universitaires de France, 1967, 368 p.

Friedan, Betty, *La révolte du 3e âge*, Paris, Albin Michel, 1995, 493 p.

Fromm, Erich, *Avoir ou être?*, Paris, Robert Laffont, 1978, 250 p.

Grand'Maison, Jacques et Solange Lefebvre, *La part des aînés*, Montréal, Fides, 1994, 368 p.

Guillemard, Anne-Marie, *La retraite, une mort sociale. Sociologie des conduites en situation de retraite*, Paris, Mouton-La-Haye, 1972.

Houde, René, *Le temps de la vie*, Montréal, Gaëtan Morin, 1991, 308 p.

Knapp, Ronald J. A., *Beyond Endurance When a Child Dies*, New York, Schoken Books, 1986.

Kübler-Ross, Elisabeth, *Mémoires de vie, Mémoires d'éternité*, Jean-Claude Lattès, 1998.

Leclerc, Gilbert et Renée Rowan, «Nouveau regard sur la retraite», *Le Gérontophile*, vol. 14, nº 1, hiver 1992.

Le Gendre, Olivier, *Le cri de Dieu*, Québec, Anne Sigier, 1996, 236 p.

Le Ny, Jean-François, *Le conditionnement et l'apprentissage*, Paris, PUF, 1975.

Levet, Maximilienne, *L'âge de la flamboyance*, Paris, Jacques Bertoin, 1993, 192 p.

Levet, Maximilienne, *Vivre après 60 ans*, Paris, Flammarion, 1995, 125 p.

Levinson, D. J., «Toward a Conception of the Adult Life Course» in U. J. Swelser et E. H. Erickson (eds), *Themes of Work and Love in Adulthood*, Cambridge, Mass, Havard University Press, 1980, pp. 265-290.

«L'engagement social au troisième âge», actes du colloque de l'Association Générale des étudiants de l'Université du 3e âge de l'Université de Sherbrooke, 1984.

Lewin, Kurt, «Field», *Theory in Social Science*, New York, Harper, 1951.

Maltz, Maxwell, *Se sentir bien dans sa peau*, Éditions Un monde différent ltée, 1982, 262 p.

McClusky, H. Y., *Background Isanes in Education*. Washington, D.C.: U.S. Government Printing Office, 1971.

Mendel, Sachs, «Le concept de temps en physique et en cosmologie», dans *La Recherche*, nº 86, fév. 1978, pp. 104-111.

Mishara, Brian et R. Riedel, *Le vieillissement*, Paris, PUF, 1984, 352 p.

Paré, Simone, *Sagesse du soir*, Anne Sigier, 1986, 250 p.

Philibert, Michel, «Le statut de la personne âgée», *Sociologie et sociétés*, XVI, 2, 1982.

Plamondon, Louis, Gilles Plamondon et Jean Carette, *Les enjeux après 50 ans*, Robert Laffont, 1984, 215 p.

Reboul, Hélène, *Vieillir: projet pour vivre*, Éditions Chalet S.N.P.P., 1973.

Rogers, Carl, *Le développement de la personne*, Paris, Dunod, 1966, 286 p.

Rogers, Carl, «Growing Old—or Older and Growing», *Journal of Psychology*, vol. 20, 1980.

Servan-Schreiber, Jean-Louis, *Le retour du courage*, Paris, Fayard, 1985.

Sullerot, Évelyne, *L'âge de travailler*, Paris, Fayard, 1986, 300 p.

Thornton, J. E., «Life Span Learning and Education», in D. A. Peterson, Thornton, J. E. et Birren, J. E. (eds), *Education and Aging*, Englewood Cliffs, N. J., Prentice-Hall, 1986.

Appendice 1

QUESTIONNAIRE

1. Comment avez-vous abordé la retraite: par choix ou par obligation?
2. L'aviez-vous planifiée?
3. Quelle a été la réaction de votre entourage?
4. La perte de statut est-elle difficile à intégrer?
5. Quelle signification donnez-vous à votre vie présentement?
6. Percevez-vous le temps comme une force ou comme un obstacle à votre développement?
7. Vos journées sont-elles planifiées?
8. Vous êtes-vous créé de nouvelles activités?
9. Faites-vous du bénévolat?
10. Le sentiment d'utilité sociale est-il important pour vous?
11. Avez-vous l'impression que votre vie est terminée?
12. Considérez-vous la retraite comme un obstacle à votre épanouissement?
13. Quels changements la retraite a-t-elle apportés dans votre vie?

14. La retraite a-t-elle favorisé une meilleure connaissance de vous-même?
15. Quelle gestion faites-vous du temps?
16. Appréciez-vous la liberté que vous avez?
17. Est-ce que la solitude vous pèse?
18. Avez-vous changé de milieu?
19. La retraite est-elle une continuité de votre vie ou une rupture?
20. Que vous manque-t-il pour être heureux?
21. Prenez-vous des moments de réflexion?
22. Avez-vous fui dans l'activisme?
23. Quelle synthèse faites-vous de votre vie?
24. Êtes-vous plus présent à votre famille et à vos amis?
25. Avez-vous des difficultés financières?
26. Qu'espérez-vous de l'avenir?
27. Vivez-vous dans l'espérance?
28. Que conseilleriez-vous à celui qui veut prendre sa retraite?
29. Avez-vous peur de vieillir?
30. Pensez-vous à la mort?
31. Avez-vous foi en Quelqu'un?

Appendice 2

NOTES

TABLE DES MATIÈRES

Collection

VIVRE PLUS

1. SURVIVRE AU DEUIL
   Isabelle Delisle
2. PRENDRE SA VIE EN MAIN
   Jeannine Guindon et Julien Alain
3. PÉDAGOGIE DE L'ÉVEIL
   ET CROISSANCE SPIRITUELLE DES TOUT-PETITS
   Hayat Makhoul-Mirza
4. DE LA SOUFFRANCE À LA PAIX
   Ignace Larrañaga
5. PÉDAGOGIE DIFFÉRENCIÉE ET CROISSANCE
   SPIRITUELLE DES ÉCOLIERS
   Hayat Makhoul-Mirza
6. L'ART ET LES VOIX DE L'ACCOMPAGNEMENT
   Sylvain Néron
7. PARLER L'AMOUR
   Piero Balestro
8. VIVRE DEBOUT
   Gaétan Renaud
9. GRANDIR DANS L'ESPÉRANCE
   François Gervais
10. RÉUSSIR SA RETRAITE
    Isabelle Delisle

Imprimé au Canada

Imprimeries
Transcontinental inc.
DIVISION MÉTROLITHO